あなたもお金持ちになれるキーワード
「法則」「習慣」「成功体質」

運とコネのつかみ方

Get the Hang of Luck and Connections

内田博史
Hiroshi Uchida

お金持ちへの
扉を開く
要素を教えます

産業能率大学出版部

はじめに

この本を手にとっていただいたあなたは、もうすでに運を味方につけています。

この本を書いた私は、貧乏な家に生まれて家柄もよくない、お金もコネもない状態から金持ちになりました。そのノウハウがたっぷり詰まっている本に出合えた。それってすごいラッキーだと思いませんか？

さて、巷によくある自己啓発本や、世の中に溢れている成功法則。皆さんもたくさん見聞きしてきたでしょう。けれど、それはすべて忘れてください。いやむしろ、それらの内容を信じて実行しても、たぶんあなたは成功者にはなれないでしょう。

成功者たちが語る苦労話。これに騙されてはいけません。たとえば、マイクロソフトの創業者のビル・ゲイツは大学時代にガレージから起業して一代でマイクロソフトを築き上げたと言われています。確かに、ガレージでスタートは事実ですが、創業者のビル・ゲイツは別に貧乏だったわけではありません。父親は弁護士で実家は大金持ち。そもそも創業当時から、実業家・教育者であった母親のコネで大企業IBMにコネがあり、そのパソコンにソフトを実装させてもらえる約束だったので成功するべくして成功した、とも言えます。

金もコネもある人間が成功するのは、比較的簡単なこと。では、私のように金もコネもない人間が成功するのは、途方もない努力が必要なのかと言えば、実はそうでもありません。

私が成功したのは、儲かることをやったから儲かった。ただそれだけです。けれど、そんなことを声高に言えば、総スカンを食うこと間違いなし。だから多くの成功者は「お客様のことを思い、一生懸命にやったらこうなりました」みたいに、もっともらしく苦労話を語ります。けれど、真実はそこにはありません。

私は正直者なので、ありのままを語ります。

15歳で家出をした私は、お金とコネどころか住むところにも困るような状態でした。しかし、建築業で寮つきの仕事に就き、その寮で毎晩行われている博打を見ているうちにひらめきました。「この人たちにお金を貸したら儲かるんじゃないか」と。

さっそく金貸しの真似事を始めてみたら、1年間で200万円ほど貯まりました。本格的に金貸しをやろうと、建築業を辞めてパチンコ店で金を貸したり、競艇場で金を貸したりしていました。すると、たった3ヶ月ほどでスポンサーがつき、あっという間に左団扇に。そこからはトントン拍子に資産が増えていきました。血の滲むような努力はしていないし、私自身に特別な才能があったわけではありません。楽して、運とコネだけで成り上がったのが私です。

だからこの本には、綺麗事もごまかしも一切ありません。私の経験から導き出した、運とコネだけで成り上がるノウハウが書かれています。

成功するのに、根性論なんて必要ありません。苦労話をしたがる人は、結局、成功していない人。上手くいっていない人の話をいくら聞いても、ゼロ×ゼロはゼロにしかならず、成功は程遠いでしょう。

これまでの自分の人生を振り返り、その中で得てきたものをすべて公開します。この本は、最短最速で成功にたどり着く必勝法。あなたの人生を変える一冊になるはずです。

どうぞ、最後まで読んでください。そして、この本の中身を実践し、小さな積み重ねを繰り返し、それが習慣になればしめたもの。あなたの成功は、もうすぐそこまで来ています。

目次

第4章　ビジネスに対するスタンス …… 133

プロローグ
運を認識し味方にする人生

プロローグ

運を認識し味方にする人生

1 あなたは運を味方にしているか？

① 自分より運がいい人なんていない

「あなたは運を味方にしているか？」という質問をされたとします。私からしたら愚問中の愚問。なぜなら、私は自分ほど運がいい人間など他にいないと思っているからです。

私はこれまでの人生の中で何度か死にかけるようなことがありましたが、今こうしてしぶとく生き残っています。そういう意味では、私の運のよさに匹敵する人物がいるとしたら、ラッキー・ルチアーノくらいのものでしょう。

ラッキー・ルチアーノはイタリアの有名なマフィアのボスです。その立場から命を狙われ

ることなど日常茶飯事でした。けれど、彼はことごとく死を回避してきました。それが、ラッキーと呼ばれる所以《ゆえん》です。なにしろこの人、ナイフで滅多刺しにされた上で倉庫の路地裏に捨てられても死なない。レストランで襲撃を受けた時は、たまたまトイレに行っていて難を逃れる。暗殺計画を立てられても事前に察知して、逆に相手を返り討ちにしてしまう。どうやっても殺されない、まさにラッキーな男なんです。そして、彼ほど派手なエピソードはありませんが、私もこの上なくラッキーな男だと言えます。

② 成功も失敗も運次第

運を味方にしていると何が起こるか。死なない、というのもひとつですが、成功を掴むことができます。いや、むしろ、運なくして成功なし、と言っても過言ではありません。元も子もないことを言うなら、成功するために必要なのは、努力でも才能でもなく、運。これだけでいいのです。

それを証明した社会実験があります。イタリアのカターニア大学の准教授で、物理学と複雑系の実績を持つ研究者である、アレッサンドロ・プルキーノ博士らは、コンピューター上に仮想都市を構築し、千人の市民を住まわせ、その40年間をシミュレーションするという実験を行いました。その結果、成功がいかに「偶然の積み重ね」つまり幸運で成り立っているかが示されたのです。

具体的には何がどうなったのでしょう。

まず、1000人の市民は全員が20歳、同じ初期資産額を持って仮想都市での生活をスタートさせます。ここまでは平等です。違うのは、市民一人ひとりに与えられた「才能」です。才能は数値化されていて、それは40年間ずっと変わりません。多くの市民は平均的な才能を持ち、一部の市民が恵まれた才能を与えられました。

生活の中で時々イベントが発生します。幸運イベントは資産が2倍になるチャンスがあり、才能が高い人ほど当たる確率も高くなります。逆に不幸イベントもあり、こちらは才能に関係なく資産が半減します。

40年のシミュレーション後に最も資産を得た市民は、幸運イベントに多く遭遇し、不幸イベントを避けた人物でしたが、最も才能が高い人ではありませんでした。何度実験しても、最も資産を得るのは、平均より少しだけ才能が高い市民だったそうです。

この実験結果からプルキーノ博士が導き出した結論は、成功には運の要素が強く影響していること。そして、運を引き当てるためには、何度も挑戦することが重要だ、ということでした。

たとえば、才能がある選手ならホームランを打つのは容易でしょう。では、才能のない選手はどうするか。バットを振り続けることです。そうすればいつかはホームランが出ます。そして、才能のある選手を追い抜くには、誰よりもバットを多く振ることです。野球はスリーストライクで三振アウトですが、人生に三振はありません。だから、とにかくバットを振り続けることが大切。アウトになるのは、あなたがバットを振るのをやめた時です。

2 自分に運があるかチェックする

① あなたはすでに運がいい。そのワケは……

私のように「自分はめちゃくちゃ運がいい」と自覚している場合はさておき、多くの人は「自分は運が悪い」と勘違いをしています。けれど、断言しましょう。あなたは絶対に運がいい。なぜなら、ここ、日本に生まれたからです。

よく考えてみてください。あなたは今、雨風をしのげる家に住んでいるでしょう。これがすでに恵まれています。世界規模で見ると、5人に1人がホームレス、あるいはシェルターなどの一時的な宿泊施設で生活している、とのデータ（国連ハビタットによる）があるのです。

また、日本は救急車を呼ぶのにお金はかかりません（一部地域を除く）。だから、いざという時も安心。けれど海外ではそうもいきません。たとえばアメリカ。州や処置内容によって金額は異なりますが、ロサンゼルスなら13万円前後、ニューヨークの場合は4～20万円が、救急車を呼ぶだけでかかります。そのお金が払えないと道路に捨てられる国さえあるのです。

しかも、日本の健康保険のような制度もないので、医療費もかなり高額。病気になっても医者に診てもらえない市民は少なくありません。

さらに言うなら、メキシコなどのように警察が汚職まみれ、なんてことは日本にはありません。政治家がマフィアなんてことも、家族団らんのリビングに武装勢力が突入してくることもあり得ないと、あなたは知っているはずです。

日本ほど安全で平和な国はない、と私は思っています。インフラも整っていて、さまざまな技術が発展していて、歴史と伝統のある国。こんな恵まれた国に生まれたあなたは、もう、それだけで幸運な人なのです。

②アメリカンドリームより、ジャパンドリーム

アメリカ大陸に上陸したイギリスの清教徒たちが、ゼロから新しい生活を築いた。これがアメリカンドリームという考え方の起源。新たな大陸は誰にも成功のチャンスがあるユートピアだと信じられていたのです。17世紀のことでした。

以来、アメリカンドリームが成功の代名詞のように語られますが、確率で言えば、0・01％以下の話。本当にごく稀なことだから「ドリーム」なのです。

では、ジャパンドリームならどうでしょう。私は、少なく見積もっても米国の100倍くらいは成功確率があると思っています。日本に生まれて、どうやったら成功せずにいられるのか。貧乏なままでいられるのか。むしろ、それがわかりません。こんなことを言うと極論だと思われそうですが、私としては正直な気持ちです。

それでも、もしあなたが「運が悪いから成功できない」と言い張るなら、私から2つ、忠告をしましょう。

まず、あなたはとても恵まれた環境の中にいることを認識してください。日本に生まれた、それだけで勝ち組です。

そしてもうひとつ。当たりくじを引くまでチャレンジし続けてください。前項で話した「バットを振り続ければホームランは打てる」理論です。成功する人は、当たりくじを引き続ける人。途中で投げ出さない人です。

大丈夫。どんなにあなたが「運がない」と思っていても、もう幸運を引き寄せています。なぜなら、この本を手にしているからです。そして、この本を最後まで読めば、運がないと思っていた自分のことなど、すっかり忘れてしまうでしょう。

③ 運を強くする方法を知る

① 運のよさは伝播する

日本に生まれただけで幸運、ということはご理解いただけたでしょう。では、この持って生まれた運を、さらに強くするためにはどうすればいいのか。答えは簡単です。運のいい人と仲良くする。それだけです。

運がいい人というのは、明るく積極的な人が多い。何事にも「やってやれないことはない」と挑んでいきます。私を含め、周囲にいる運のいい人たちはほとんどがこのタイプです。

類は友を呼ぶ、という言い方もありますが、同じ性質の人が集まったというより、一緒にいるうちにお互いに影響し合って似通ってきた、というほうが個人的にはしっくりきます。

人間の脳内には、ミラーニューロンという神経細胞があって、他者の行動をそのまま鏡のように真似るという働きをします。一緒にいる人の言動を、よくも悪くもコピーするのです。だから、明るく積極的な人と一緒にいれば、自分もそうなっていきます。逆に、後ろ向きな考えでいつも愚痴ばかり言う人がそばにいれば、あなたもそちらに引っ張られてしまいます。

つまり、運のよさも同じように伝播するので、運のいい人と仲良くなればなるほど、自分の運気も上がっていくことになります。

そして、運のいい人は、たいてい金持ちです。なぜなら、成功は運次第なのですから、運がいい人は成功して当たり前。となれば、運のいい人と仲良くなれば、幸運だけでなく、金運もアップさせることができるでしょう。

②「失敗は成功の母」は真実

運を強くするもうひとつの方法は、何度も言いますが、成功するまで諦めずにチャレンジし続けること。そして、これが成功を引き寄せる法則です。

引き寄せの法則などと聞くとスピリチュアルなイメージを抱く人もいるでしょうが、実際、この法則は歴史がその正しさを証明しています。

たとえば、エジソン。かの偉大なる発明家は、電球を開発する際、フィラメントの素材として6000種類もの材料を試したと言います。つまり、5999回は空振りをしているわけです。けれど、チャレンジし続けたから、6000回目で当たりを引くことができました。

もっとも、エジソン自身は、５９９９回を失敗と考えておらず、「フィラメントにふさわしくない素材を５９９９種類発見しただけ」くらいに考えていたと言うのですから、驚きです。このポジティブ思考も、運を引き寄せる大きな要因と言えるかもしれません。

また、みんな大好きなケンタッキー・フライド・チキンの創業者、カーネル・サンダースも、エジソンと同じく諦めなかった人。試行錯誤の末に完成したフライドチキンのレシピをレストランに売り込み、１０００回以上断られたのだとか。これもまた、チャレンジし続けたカーネルおじさんの勝利です。

くじ1回で当たりを引き当てるのは至難の業。無理ゲーです。けれど、私たちの人生で、チャンスを引き当てるくじに回数制限はありません。無限に引くことができるのです。だから、当たりが出るまで引き続ける。当たりが出れば、それまでのハズレは失敗ではなく、成功へのステップとなるのです。

③ 成功者は鈍感なバカ

私は海外の成功者を紹介するYouTubeチャンネル『内田博史「金持ちの習慣」』を運営

しています。そこには、リサーチする係、動画編集係、台本係など、かなりの人数がチームで活動しています。

このチャンネルでは、まず企画の段階で題材とする人をリサーチしていきます。そして面白そうな人が見つかったらそこから台本作りとなるのですが、そこで取り上げる人物を何百人と調査して、企画を考えている過程で気が付いた事があります。

それはあえて誤解を恐れずいうと「成功する人ってバカが多い」ということです。

これはもちろん悪い意味ではなく、普通の人ならばもう諦めるだろうってことを永遠とやり続ける事が出来るような人ということです。これは言い換えれば、成功する人って「失敗」を「失敗」と気が付いてないということです。成功しないやり方が見つかったから、次はこれを試してみようと次のことをやる。そこには、いちいち「落ち込む」という状態が発生しないんです。

少し話がズレますが「バカは風邪をひかない」って言葉がありますよね?

私は、あれは「バカは風邪を引いた事に気が付かない」が正解なのではないか?と思っているんです。皆さんもそう思いませんか?

成功者もこれと同じで「失敗を乗り越える強靭な精神力がある」というより、「失敗していることに気が付いてない」というのが正解なんではないか?と思うんです。

実をいいますと、私もこのタイプです。

仕事が一発でうまくいくことなんて早々あるわけないし、私はいろいろとテストすることで正解が見つかるという考え方なので、そこには「失敗」が存在しないんですね。

しかし、頭の良い人は「失敗しないように」と慎重に考えて動くので、いちいち期待するし成功しないと落ち込むんです。うまくいかないたびに、落ち込んでいたらモチベーションは下がる一方ですよね。失敗して落ち込んで、やる気を失っていく。そして行動をやめてしまう。

ハッキリ言いましょう!!

成功が出来ないのは、言い換えれば「敗北」したのは失敗したからではありません。あなたが成功するための行動をやめたから敗北が確定したんです。敗北はあきらめた時に確定するのです。世の中の多くの人が「失敗＝敗北」と考えてしまっているから、「続ける」ことが出来ないのです。

成功する為の挑戦が「1回しかできない」「3回ダメなら人生終了」というなら、この世界に成功者はいなくなってしまいます。

先に話した、仮想都市の実験のように決まった回数しかイベントが起きないということはないのです。挑戦する回数は自分で決められるのです。それも無制限に。

私が調べた成功者のほぼ全員が「失敗」に気が付いてないバカだったのです。

だから、あなたも「失敗」を「失敗」と気が付かないくらいのバカになって挑戦を続けてください。それが「運」を強くする秘密なのです。

4 運がいいと言葉にする

① 言葉にすると現実になる

「私は運がいい」と思うのは、何度も命の危機を回避してきたという経験と、今現在、金持ちになっているという実績があるから。たしかにそうですが、「運がいい」と感じていたのは、私がまだ貧乏だった子供時代からです。「自分は運がいい」と信じ、そう口にしていました。

貧乏なのに運がいい？　と不思議に思う人もいるでしょう。けれど、当時から私は自信満々でした。「自分は幸運の持ち主だから、将来は金持ちになる」と、保育園の年長さんの時に決めたのです。そして、何の根拠もなく、自分ならできると信じていました。もっとも、自信というのは本来そういうもので、根拠があるのなら、それは実績です。自分を信じること。それこそが「自信」であり、それを言葉にすることで、自信は確信に変わっていくでしょう。どこかで聞いたような台詞ですが、実際にそう信じ、口にしてきた私は、今、運がいい金持ちになっています。

あえて根拠を探すとしたら、幼い頃、私が住んでいた環境かもしれません。周囲には、我が家よりもっと悲惨な家がいくつもありました。父親がアル中だったりギャンブル狂だったり、母親が薬物中毒だったり、借金で首が回らない状態だったり。けれど、うちはただ貧乏だっただけ。アル中もギャンブル狂も薬物中毒も、借金も我が家には存在しませんでした。だから、自分はとても運がいいと思っていたのです。そこで、「運が悪い」とふて腐れず、前向きに自分を信じた過去の私に「グッジョブ」と言いたいです。

②どちらを見るかは、その人の自由

幼い頃の私のような環境にいたら、不幸だとか、運が悪いと思う人もいるでしょう。いや、実際、そう思う人のほうが大半だと思います。同じ状況にいても、それを「どう見るか」は人それぞれです。そしてその「どう見るか」が大きな分かれ道となります。

英語の諺に「It's no use crying over spilt milk.」（こぼしたミルクを嘆いても無駄）というものがあります。日本で言うところの「覆水盆に返らず」と似ていますが、私はまったく逆の意味だと思っています。英語の場合、こぼしたミルクは気にせず、まだ半分残っているよとか、また注げばいいじゃないかといったポジティブなニュアンスがあります。対して「覆水盆に返らず」は、こぼした水を盆に返すことはできないように、起こってしまったことは元に戻せないという意味合い。つまり、見ている方向が違い、その後の思考も違うのです。まあ、私の勝手な解釈ですが、どちらを見ているかが、その人の未来を左右すると、私は思っています。

こんな話もあります。アフガニスタンの戦闘で負傷してしまった米国の海兵隊員は、奇跡的に助かったものの、左腕を失ってしまいました。けれど、彼はそれを嘆くより「大丈夫さ。

だってオレ、右利きだから」と言い、生きていることに感謝したと言います。

また、アメリカの諺にはこんなものがあります。刑務所に収監されていた2人の囚人の話です。一人は下を向き運動場の泥水の水たまりを見ていて、もう一人は空を見上げて星を眺めていました。同じ環境にいても、2人の未来が違うものになるであろうことは想像がつきます。

さあ、あなたはどちらを見て、どんな未来を歩みますか?

5 運のよかった出来事を周りに話す

① 運のいい人が集まってくる

運がいい話を積極的に周囲に話したほうがよい、と私が勧めているのは、そうすることで、運のいい人たちが寄ってくるようになるからです。

たとえば私が、友人から「こんな運のいいやつがいる」なんて話をされたら、絶対に会いたくなります。そして、会えばきっと仲良くなります。運がいい人はたいてい明るくて積極的なポジティブ人間。自分と似たタイプなら共感する部分も多く、話も合うはずです。「この人といると得がありそうだ」と打算を働かせるまでもなく、自然と友人、仲間になっていくことでしょう。

そんな運のいい人との出会いを繰り返していると、気がつけば、周囲には運のいい人ばかり。幸運コミュニティができあがり、ミラーニューロンが効果を発揮して、そこにいる人はどんどん運気がアップしていく、という好循環ができあがります。

今は自分で発信ができる時代です。運がいい話をSNSなどで発信すれば、たちまち運のいい人たちが集まってくるでしょう。その効果は絶大で、コミュニティができるスピードも、その規模も、SNSがなかった時代とは桁違い。つまり、運気の上昇率もグンと高まるはずなのです。

② 運がいい人は鈍感で無謀!?

実際、私もYouTubeで運がいい話などを発信していますが、そこに集ってくる人たちにネガティブ思考の人はいません。多少はいたのかもしれませんが、暗くてくすぶった人には、運がいい話は明るすぎるし、眩しすぎる。共感できず、むしろ反発心が大きくなり、去っていってしまいます。結局、ネガティブは自然淘汰され、ポジティブで運のいい人だけのコミュニティができあがるのです。

そもそも、運がいいと周囲に吹聴するような人間は、私を含め、いい意味で鈍感です。運がいい人というのは、言い方を変えれば、運が悪いと気がつかなかった人。失敗を失敗と思わず、チャレンジし続けて、成功したら「運がいい」と思える人です。

頭のいい人たちは「何事も効率よく」と考えます。だから、失敗やリスクを回避する方法を選びます。もちろんそれも、成功する方法のひとつです。けれど、自分のポジションが変わるような大きな成功を得るのは難しいと、私は思います。

お金もコネもない貧乏少年だった私が、保育園の年長さんの時に思い描いた金持ちになっている。そんな成功を手に入れられたのは、効率を考える頭脳派ではなく、運の悪さに気づかない鈍感で無謀なチャレンジャーだったからです。

今やハリウッドスターのシルベスター・スタローンも、実は鈍感で無謀なチャレンジャーの一人。コネも何もない無名時代、彼はオーディションを２０００回以上受け続けたそうです。ある日、オーディションに落ちて帰ろうとドアに手をかけた時に、自分の温めていた映画の台本があることを思い出し、プロデューサーに提案しました。これが後に大ブレイクした『ロッキー』です。「ドアノブに手をかけても諦めるな」は彼の有名な言葉です。どんな状況でも諦めなかったスタローンだから、チャンスを掴み、今のポジションに上り詰めたのです。

今、あなたは何も持っていなくても大丈夫。失敗を失敗のままにせず、成功するまでチャレンジを続ければいいのです。

⑥ 幸運が起きた因果関係を検証していく

① 失敗は何度したっていい

ここまで、しつこいくらいに「失敗なんて存在しない」「成功するまでチャレンジし続ける」と話してきました。それが成功の秘訣だと。けれどそこには、1つだけコツがあります。必ず、検証・分析をすることです。

たとえば、私も運営しているYoutube。その世界で成功しようと思ったら、検証と分析は不可欠です。

とりあえず100投稿、と言いますが、何がウケるのかわからない時期は、まず、手数を多くすることが最優先。その中でよい結果を生み出している動画をピックアップします。そして、それがなぜウケているのかを分析。それを基に次の動画を投稿して、分析が合っているのか、違っているのかを検証します。このトライ&エラーを何度も何度も繰り返す中で、ようやく自分なりの成功パターンが見えてくるわけです。

これはそのまま、人生の成功体験に当てはめられます。失敗したら、その原因を分析し、改善をしてまた挑む。成功するまでそれを繰り返していけばよい。そう、失敗は何度してもいいのです。

②唯一のリスク回避は、フルベットしないこと

失敗は何度してもいい。これは、何度も失敗できるようにチャレンジするという意味を含みます。どういうことかと言うと、一発逆転を狙って1つのチャレンジに全財産を投入する

ような真似はするな、という話。それはチャレンジではなく、ただの賭博です。

第4章で詳しく話をしますが、いくら鈍感で無謀な質《たち》だからといって、私は失敗したらすべてを失うような賭博はしません。資金配分を考え、常にバックアッププランを用意してチャレンジをします。だから、もし一度で上手くいかなくても、トライ&エラーを繰り返すことができるのです。

失敗を恐れてチャレンジをやめてしまうのは愚策ですが、一発逆転狙いのフルベットはもっと愚策。何度も失敗できるよう、体力を温存しながらチャレンジしていくのが賢いやり方です。

とはいえ、金持ちの失敗は一度で数億円になる場合がありますが、今はまだ成功を手にしていない人の失敗なら、それほど大きな傷にはなりません。もしも失敗を繰り返して資金が底をついたとしても、日本には生活保護というセーフティネットがあるので、すぐに路頭に迷うこともありません。「死ぬこと以外はかすり傷」というくらいの気概を持って、失敗を恐れずにチャレンジしていきましょう。あなたの成功までの道のりを、この本がきっとナビゲートしてくれるはずです。

第1章 身に着けるもの

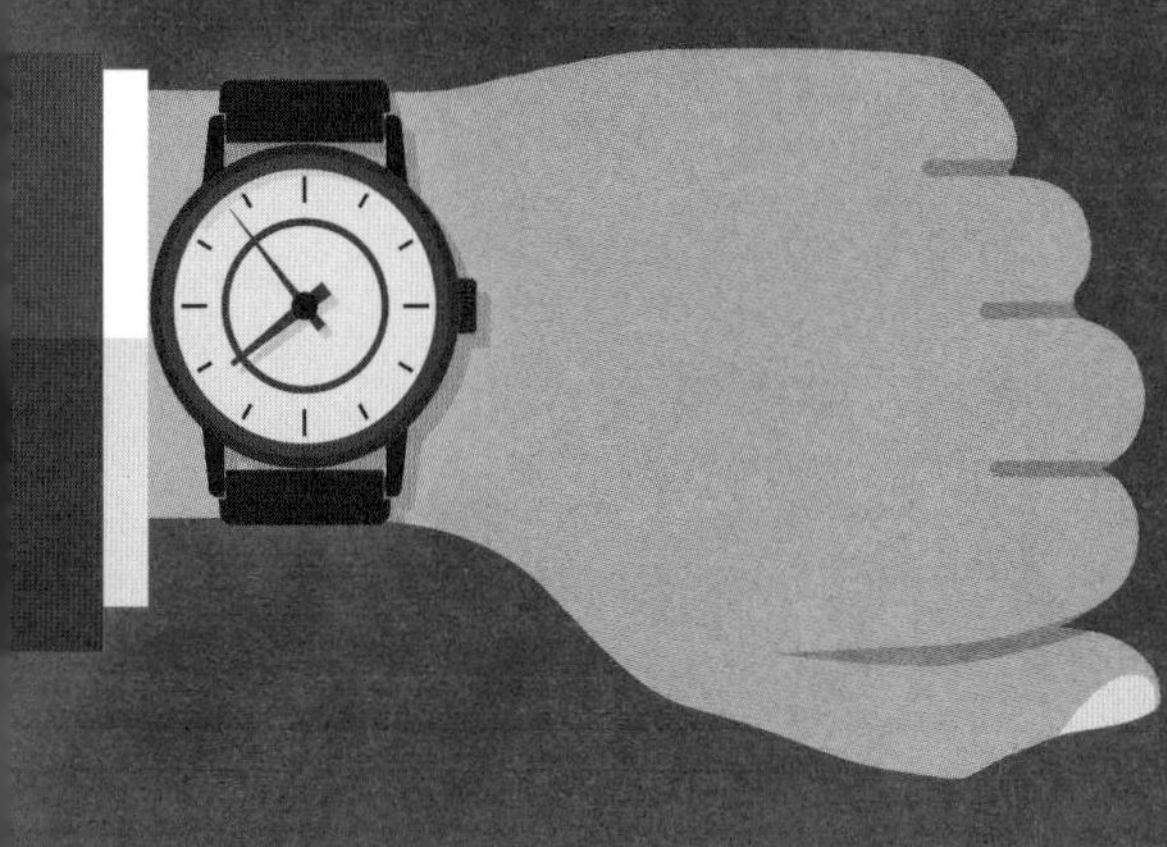

第1章

身に着けるもの

1 短パンとTシャツを着ていても時計さえよければ一目置かれる

① 人は見かけによるものである

いつだったか『人は見た目が9割』という本がベストセラーになりました。まったくもってその通りで、多くの人は、まず外見で人を判断します。美男美女の言うことには耳を傾け、信用もしますが、そうではない、たとえばブサイクなおっさんの話など誰も聞いてくれません。それが現実です。

これは、心理学でも「ハロー効果」として認識されています。1つ優れた部分があると、他のすべても優れていると思い込む現象のことです。ニュースキャスターに美男美女が起用

されるのは、この効果を狙ってのこと。外見が優れた彼らが話すことには信憑性があり、説得力も増すのです。

では、美男美女ではない人間はどうすればよいのか。

答えは簡単。金持ちになることです。イケメンと美人と金持ちの言うことは、案外人は、素直に聞いてくれます。実際、美男子ではない私は、人に話を聞いてもらうためにあることを実行しました。それは、身に着けるものにお金をかけることです。

② 高級時計はブランド次第

高価なものを身に着けると、その価値がわかる人には一目置かれます。ただし、これは詐欺師も活用する方法なので、本物か偽物かを見分けてもらう必要があります。

私の場合、ブランドスーツで身を固めてしまうと、詐欺師どころか反社にしか見えません。印象は最悪です。そこで、逆張りの発想をし、短パンとTシャツというラフなスタイルに加えて、腕には１０００万円の高級時計を定番としました。

ちなみに、高級腕時計なら何でもいい、というわけではありません。できれば避けたいのはリシャール・ミル。これ、詐欺師が身につけていることが多いのです。あくまでも私の経験上の話ですが。

オススメは、オーデマ ピゲか、パテック フィリップあたりでしょうか。誰もが知っているロレックスも無難なラインです。

今では、ドレスコードがある場所にも短パンとTシャツで出かけますが、門前払いされるようなことはありません。高級時計が私のランクを証明してくれるからです。

実はもうひとつ、私の価値を上げてくれる要因があります。それは妻です。ちょっと自慢させてください。私の妻は、かなりの美人です。それはもう、私にはもったいないくらい。そんな彼女を私はとても大切にしています。自分の服装には無頓着な私ですが、妻のオシャレにはお金を惜しみません。美しく着飾った上品な妻を伴っていると、それだけで私のステータスも自然と上がるのです。ある意味、妻は男の最大のアクセサリーであり力のバロメーターとも言えるでしょう。

独身であったり、奥さんが美人でない場合はどうすればいいか？ 美人な秘書を雇ってください。それがあなたのステータスになるはずです。

③ 短パンとTシャツでも一目置かれる人になる

幸い、私は会社のオーナーなので、面と向かって服装に文句を言う人はいません。夏は短パンにTシャツ、冬はジャージかスエットというスタイルでも、です。文句どころか、驚くような効果を発揮することもあります。

たとえば、1000万円超えの腕時計を見て「この人は社会的地位が高いから、こんなラフな格好でも許されるんだ」と思ってくれます。そして、「商談に短パンとTシャツで来ても、誰も咎《とが》めない大物なんだ」と勘違いしてくれます。さらに、私より目上の人や金持ちの人は「生意気な兄ちゃんだな。でも、俺も若い頃はそうだった」と面白がってくれます。こうなれば、しめたものです。

人は見た目で判断します。いい印象も悪い印象も見た目が9割です。けれど、美男美女じゃないからと悲観することはありません。私みたいなブサイクなおっさんでも、金持ちになれば人は話を聞いてくれます。だからこそ、この本を読んで運とコネの掴み方を知り、実行して、成功体質に生まれ変わってください。

２ 本物の金持ちは４年落ちの車に乗っている

① 車を買うのは税金対策

金持ち＝高級車というイメージを持っている人も多いことでしょう。けれど、最新の高級車を好むのは、見せかけの金持ちや成り上がりです。本物の金持ちは、高級車でも４年落ちモデルを購入します。それはなぜか。車は税金対策だからです。

車は基本、会社名義で購入します。その場合、現行モデルだと減価償却に６年かかってしまうのです。たとえば、１０００万円の車を購入したとして、１年で計上できる経費は１６０万円ほど。それが、４年落ちモデルとなると、２年で減価償却ができます。同じ１０００万円で車を購入しても、こちらは1年で５００万円の経費を計上できます。税金対策としてどちらがよいかなど、説明しなくても一目瞭然。２年ごとに車を買い替えていけば、毎年５００万円の経費を計上できることになります。

会社にとって、税金は一番の経費。なるべく削りたいと考えるのが経営者というものです。だから、私も車はレクサスの４年落ちモデルに乗っています。ただ、担当の税理士が手続きを間違って一括計上してしまうというミスがあり、税務調査で発覚し追徴金を取られました。税理士事務所のスタッフは私のことが相当怖かったらしく、ミスの報告もなかなかできずにいたようです。見た目が怖いと、こんなデメリットも時にはあります。

②価値の下がるものにお金は払わない

本物の金持ちが最新モデルにこだわらないのには、もうひとつ理由があります。それは、価値の上がるものにしかお金を使わないからです。

車は基本、購入した瞬間から価値が下がっていきます。例外もあります。クラシックカーやフェラーリの限定モデル、ランボルギーニのレアものなどは別格です。

しかし、そうした限定モデルの場合、故障した時や維持費に莫大なお金がかかります。正直、所持するメリットを、私はあまり感じません。

会社名義や減価償却にこだわらず、個人として所有したいのなら、購入する車の金額は総資産の0・5％に留めるのが妥当だと思います。つまり、1000万円の車を個人所有しているなら、20億円以上の資産を持っている人だと、私は判断します。逆に、どう見ても総資産と釣り合っていない場合は、「この人は本物じゃないな」と考えるわけです。

最新モデルや限定モデルで「俺スゲー」と自己顕示欲を満たすのは、まだまだ金持ち初心者。もしくは、金持ちに見られないと困る人たちです。本当の金持ちは、そんな小さな見栄など張る必要はありません。高級車など何台も所有しているし、自分で運転することもありませんから。

③ お金の使いどころを間違えない

実は、最新モデルの高級車を乗り回していると、銀行からの信頼も失いかねません。「そういうことにお金を使う人」だと判断されると、「会社の経営は大丈夫か?」と疑問を持たれてしまうからです。最近の例で言えば、コロナ禍で手にした補助金で高級車を買った中小企業の経営者がたくさんいました。けれど、補助金は一時的なものであり、無駄に使ってよいお金ではありません。まして、社会情勢がどうなるか不透明な中でのこと。短絡的な判断をした経営者の今は、言うまでもないでしょう。

そうした部分を銀行は冷静に見ています。毎晩のように飲み歩いたり、貴金属類を買い漁ったり。間違ったお金の使い方をしていると、銀行だけでなく、周囲からも運からも見放されてしまいます。

見栄のためにお金を使わない。価値の下がるものにお金を払わない。これは金持ちの鉄則です。ただ、気をつけてほしいのは、「金持ちは◎◎だ」と決めつけすぎないこと。例外もあります。次は、そんな話をちょっとしてみたいと思います。

③ 小金持ちは長財布、超富豪はマネークリップって本当？

① 金持ちルールなんて実はない

これが金持ちの鉄則だ、といった本を書いている立場側から矛盾したことを言うようですが、いわゆる金持ちルールなんて関係ありません。

よく言われるのが「金持ちは長財布を使う」という謎ルール。たしかに私も、チンピラだった……いえ、若かった頃はエナメルのクロコダイル長財布を持ち、そこに300万円くらい入れていたこともあります。当時の私は、ステレオタイプな金持ち像を信じて、それをなぞっていたのでしょう。今考えれば、バカバカしい話です。

財布なんて、自分の好きなデザイン、使いやすいカタチを選べばいいんです。別に長財布を持ったからといって、運気が上がるわけでもありません。マネークリップもしかりです。

大切なのは、お金を入れる「物」ではなく、お金をどう活かすのかという「使い道」のほう。それさえ間違わなければ、長財布でもマネークリップでも、入れ物にこだわる必要はありません。

②そもそも財布がいらない世の中

最近、特にコロナ禍以降は、急速にお金のデジタル化が進み、財布自体を持たない人も増えています。私も便利なスマホ決済を利用することが多く、長財布に300万円どころか、クレジットカードが1枚だけ入った2つ折り財布を愛用しています。現金がなくても困ることはほとんどありませんから。

けれど、実は最近、現金がなくて困ったことがありました。とある定食屋さんで食事をした時のこと。その店は、現金しか取り扱っていなかったのです。昔ながらの雰囲気がいいな、とふらりと立ち寄ったのですが、会計も昔ながらのままでした。その時は財布もなくて、持っていたのはスマホだけ。幸い近所だったので現金を取りに行くことにして、「時計を人質に置いていくので」と言いました。ところが、お店の人は「いや、そんな高価なものを置いていかれても困る」と困惑。お金も払わずにバックレる輩じゃありませんよ、という弁明がわりの提案でしたが、かえって気を使わせてしまったようで恐縮してしまいました。それ以来、1万円くらいの現金は持ち歩くようにしています。

そんなハプニングは別として、イマドキは現金を持たないのが主流。これみよがしに大金入りの財布を持っているほうがむしろカダサい。だから余計に、財布のカタチなどにこだわる必要なんてありません。

③ ちょっと意外な金持ちあるある

少し話は脇に逸れますが、私はいろいろなポイントを利用しています。けれど、そう言うとたいていの人に「意外ですね」と驚かれます。どうもポイント利用＝節約というイメージがあるようで、金持ちには無縁のものだと思っているのでしょう。しかし、考えてみてください。使う金額が大きければ、それに比例して貯まるポイントも多くなります。これ、けっこうバカにならないのです。マイルもあっという間に貯まるので、それで旅行に出かける社長仲間も少なくありません。

金持ちはこういうことをしがち、という傾向はあります。けれどそれは、「金持ちとはこういうもの」という決めつけとは違います。金持ちといっても、持っている資産額も、それをどうやって成してきたのかも千差万別。金持ちの数だけ、傾向も習慣も、ルールもあるのです。その中で、私がこの本に書き記すのは、自分が実際にやってきたこと。実体験に基づく具体的な金持ち習慣です。

住むところにも困っていた私が、コネも金も何も持っていなかった私ができたことです。だからこそ、多くの人が実践できるものだと考えています。

すべてを真似する必要はありません。金持ちのマインドや習慣に触れ、それを理解することで、きっとあなたにも変化が表れるはずです。

運とコネを掴み取って、成功へのルートを開きましょう。

４ ＳＮＳを鵜呑みにしない

① キラキラなインスタグラムでブランディング

インスタグラムを覗いてみれば、多くのキラキラとした画像が流れてきます。その中でもひときわキラキラ度が高いのは、一流のブランドバッグや高価な貴金属、オシャレでハイソなランチなどをアップしているアカウントです

これを金持ちアピールと捉える人もいるでしょうが、ＳＮＳマーケティング的には、ブランディングの手法のひとつです。

キラキラとした写真の数々を見て「この人みたいになりたい」と憧れを持ってもらう。先にも言いましたが、人はイケメンと美人、金持ちの言うことにしか耳を傾けません。だから、キラキラとした一面を見せつつファン化することで、営業や販売はとてもスムーズになります。しかも、イマドキは就職活動もＳＮＳを使う傾向にあり、優秀な若手を集める意味でも、こうしたことをしている社長もいます。

実際、私の妻も最近インスタグラムを始め、せっせとキラキラ写真を投稿しています。連

写で40枚ほど撮った写真の中からもっとも映りのよいものを選び、ブランド構築に余念がありません。私のことをカメラマンとしてこき使い、撮り方がヘタクソと文句を言います。けれど、こうしたブランディングには、金持ちにとって少々リスクがあります。実は、インスタグラムの投稿などから、国税局に目をつけられる場合があるからです。

②国税局のチェック力を甘く見るな

これは、私の知り合いのとある社長の話。彼の恋人がインスタグラムに、買ってもらったアレコレを投稿していたら、国税局から「チェックしてるぞ」と連絡が来たのだと言います。その社長の顧問の税理士さんが国税局のOBなので、国税局の後輩から連絡が入ったそうです。「先輩、僕たちも立場がありますんで、ちゃんと申告するように伝えてください。でないと動かなきゃいけなくなっちゃうんで」と。

社長本人のアカウントでも、家族のものでもないのに、しっかりとチェック対象になっている。この話を聞いたときには、「国税局もマメだねぇ」と感心したものです。

別に、私もこの社長と同じことをしているから、というわけではありません。ただ、目立つことをすればすぐに目をつけられるのだと改めて理解し、国税局を甘く見てはいけないと思った次第です。

とはいえ、こちらもそれに備えた対策はしっかり立てています。具体的な方法をここで書いてしまうと手口が広まってしまい、税務当局がルールを変えてくるので、ここでは詳細は書きませんけれど。

健全な対策を１つ挙げておきましょう。

金持ちは価値の下がるものにお金を払わない、と言いましたが、逆に価値の上がるものを見極め、そこにお金をつぎ込むのも金持ち。持っていれば価値の上がるものを購入し、値上がりしたところで手放す、いわゆる転売ビジネスとして展開するのです。

③ 備えあれば憂いなし

あらゆる状況に備えておく。これも金持ちで居続けるためには重要なスキルです。インスタグラムに限らず、YouTubeでもブログでも、あまり派手にやりすぎると目をつけられます。実際、数年前に私の会社も国税局の査察を受けたことがあります。

若い時はヤンチャで警察のお世話にも何度かなっているので、「警察の取り調べと同じもんだろう。勝手知ったるなんとやら」と高をくくっていました。ところが、国税局の方がきつい。警察の取り調べなんて楽なものに思えるほどです。

そもそも大した事件でなければ、警察の取り調べのほとんどは世間話なのです。刑事さんが顔見知りならさらに楽なもんです。

しかし、国税局は違いました。1週間で5キロも体重が落ちるほど、心身ともに疲弊する詰め方。あんな思いはもう二度としたくないものです。私は結構こういうトラブルに慣れているので、普通の人よりはストレスには強いのですが、この時ばかりは変な汗が出ました。

私自身、目立ちたくないタイプであり、国税局には既に目をつけられてもいるので、SNSでの発信は基本的にはしません。金持ちアピールなんかもしません。

けれど、これを読んでいる皆さんの中には自分をブランド化するために、あえて目立つ投稿をする場合や必要もあるでしょう。その際は、つけ込まれる隙を作らないよう、しっかりと対策を立てることが大切。自分のアカウントだけでなく、家族やそれ以外の親しい人のものも含めて。国税局の調査ビームをやり過ごすには、備えあれば憂いなしです。

5 オーダーメイドのスーツは着ない

① 私がスーツを着ないワケ

普段の私は、短パンにTシャツという極めてラフなスタイルでどこへでも出かけていきます。ドレスコードがあるような場所でも、それは変わりません。なぜかと問われれば、「楽だから」と答えますが、他にもちょっとしたワケがあります。

私がスーツを着ない理由は、どこからどう見ても反社の人と思われてしまうから。それでも、商談などの際はスーツを着ることもありました（周囲を怯えさせるだけでしたが）。特に若い頃は、ヴェルサーチェのスーツを愛用していたことがあり、それはもう、200メートル先から「反社の人、キター」と誰もが認識するほど。笑い事ではなく、本当の話です。

似合う、似合わない以前に、スーツを着るだけで相手を威嚇してしまうのであれば、やはり第一印象としてよろしくありません。だからあえてラフなスタイルで印象を和らげている、とは言いませんが、オーダースーツを着て詐欺師と間違われるのも癪です。ちなみに、高級オーダースーツであることを自慢する人は、結構な確率で詐欺師だったりするので、騙されないように気をつけてください。

② それでもスーツが必要になったら

そもそも、これまでスーツを着るような仕事をしてこなかった私。鉄筋工に始まり、金貸しだったりトレーダーだったり。今もIT系なのでスーツが必須の職業というわけではありません。

そんな私でも「今回はスーツで」という場面がまったくないわけではありません。たとえば、名刺に入れるプロフィール写真の撮影。私自身は、いつもの格好でいいと思っていましたが、周囲に半ば説得されてスーツを着ることになりました。

けれど、ちょっとした問題が。実は、手持ちのスーツがどれもこれもオーバーサイズになってしまい、ピシッと着こなすことができなかったのです。これは、最近私のサイズが変わったから。子供たちの送り迎えをしているうちに自然とダイエットができたようなのです。

というわけで、急遽、用意したのは、「洋服の青山」の吊るしのスーツ。1着買うと2着目がタダになるという超お買い得商品です。

「え、高級ブランドじゃないの?」と思ったあなた、そんな必要はありません。名刺に入れる程度のごく小さなサイズの写真です。正直、吊るしのスーツでも、高級ブランドスーツでも、その違いはわかりません。それに、ネクタイはヴェルサーチェを締めたので、その印象でスーツも高級そうに見えることでしょう。さらに言うなら、私自身が格安スーツをそうとは見せないポジションにいる、という自負もあります。

まあ、一番の理由は、私が「洋服の青山」のファンだからなんですが。以前、「誤発注をしてしまったので買ってください」というような、何ともストレートで正直な広告を出されていたことがあり、それを見て一発でファンに。もちろん、その時もスーツを購入させていただきました。余談ですけれど。

③ スーツを着なくても仕事はできる

最近はリモートワークの影響もあり、皆さんもスーツを着る機会が減っているのではないでしょうか。スーツを着ると気持ちが引き締まる、という人もいるでしょうが、私の場合、リラックスしていたほうがパフォーマンスを発揮できるタイプ。リモートワークをする中で、それに気づいた人も多いことでしょう。

ラフなスタイルが仕事効率をアップしてくれるのはいいとして、油断しすぎるのはちょっと危険です。1つ、私の失敗談をお話しましょう。

オンラインでの商談を行っていた時のこと。シャツにネクタイを締め、私としてはかなりキッチリしたスタイルで臨んでいました。話し合いの途中で休憩を挟むことになり、トイレに立った私を見て、商談に参加していた人全員が大爆笑。実は私、オンラインだからと上半身のみを整え、下はトランクスだけだったのです。

それがバレて大失態……のはずだったのですが、皆さんが笑ってくれたことで場がほぐれ、その後の商談はこれ以上なく上手くいきました。災い転じて福となす、を実感した出来事でした。

仕事がデキるデキないに服装なんて関係ない、というのが私の結論。スーツは男の戦闘服なんて言う人もいますが、他に武器をたくさん持てばいいのです。コミュニケーション能力でも、コネクションでも、お金でも。何を着ていても、デキる男はデキるんです。

6 ギラギラしたものを手放す

① ギラギラファッションは通過儀礼

今でこそシンプル・イズ・ベストな私ですが、かつては金ピカジャラジャラ、ダイヤバリバリな時代がありました。金のゴツい指輪や時計、ネックレスなどをフル装備。これみよがしなギンギラの成金スタイルに加え、300万円くらい入れてパンパンになった長財布を持ち、着ているスーツはヴェルサーチェ。しかも、ピンクとか黄色のド派手なカラー。当時は『ミナミの帝王』の竹内力さんが大好きで、彼の真似をしていたところもあり、靴下や下着まで全身ヴェルサーチェで揃えた私は「ヴェルサーチ・ヴェル夫」なんて呼ばれていました。

けれど、これは成り上がりが本物の金持ちになるための通過儀礼のようなもの。生まれた時から金持ちなら話は別ですが、私のように貧乏育ちの場合、やはり金持ちになったことをアピールしたくなるのです。自分に価値がないから、着飾って相手を威嚇しようとしていました。自己顕示欲が強くなるのも必然。G-SHOCKをワザワザ18金の型で作ってもらい、ダイヤ張りにしたこともあります。そんなものをキャバクラで自慢していたこともありまし

た。今振り返ると、恥ずかしい限り。穴があったら入りたい黒歴史です。

②本当のオシャレに目覚める

私が「ヴェルサーチ・ヴェル夫」と呼ばれていた頃、どこに行っても「社長、スゴイですね」「社長、オシャレですね」と言われました。もちろん、私はご満悦。けれど、それは言葉通りの意味ではありませんでした。そう気づかせてくれたのは、当時付き合っていた、現在の妻のおかげです。

ある時「チンピラファッション禁止」と彼女に言われました。男なんて単純なもの。好きな女に言われれば、コロリとこだわりも捨てます。当然私も、竹内力への憧れはどこへやら。ド派手カラーからシックなモノトーンにあっさり鞍替えしました。

すると、周囲の様子が変わります。「社長、シブいっすね」と言われるようになり、以前とは若干、口調も違うように思えました。そこでようやく、あぁ、あの「スゴイですね」「オシャレですね」はお世辞というかバカにしていたんだと思い知るのです。途端に、ものすごく恥ずかしくなったのを覚えています。

本当のオシャレに気づいた私は、どんどんシンプルなもの、ラフなものを好むようになりました。金ピカのジャラジャラも外し、反社に見られることもなくなったのです。そして、毎週のように気に入った車を買うようなこともやめ、いろいろな金持ちアピールもしなくなりました。チンピラファッションと一緒に、しょうもない自己顕示欲も手放せたようです。

③ まずは、贅沢をやり尽くせ

自分が通ってきた道だから、断言します。本物の金持ちになるには、まず、飽きるまで贅沢をやり尽くすこと、です。

金ピカでジャラジャラ、大いに結構。全身ブランドづくしも大歓迎。「成金だ」「下品だ」と周囲に言われてもいいんです。むしろ、言われるくらいがちょうどいい。黒歴史、どんと来いです。

あのお釈迦様だって、若い頃は贅沢をやりまくったと聞いています。そもそも王子様ですからね。裕福なお坊ちゃまらしく散々贅沢をしまくった末に虚しさを覚え、女房・子供を置いて家出をして修行して悟りを開いたのです。よく考えたら、とんでもない人ですよね？

王族なのに女房・子供を置いて「自分探しの旅に出る」とは、自分勝手にもほどがあります。悟りを開いたからよいものの、悟りを開かなかったらタダのヤバイ奴です。

「何事も中途半端はカッコ悪い」とお釈迦様が言ったかどうかはさて置き、金持ちアピールは振り切れるまでやれ、と私は言います。本物の金持ちになるには、一度は通る道。その道を通らずして、本物にはなれないのです。

④ 連れている女性は男のバロメーター

男女平等といった考えが浸透しつつある今時に「連れている女性は男のバロメーター」なんて言うと怒られそうではありますが、本書では綺麗ごとを排除して本音をそのまま言うようにしていますのであえて言わせてもらいます。

連れている女性で男の器量ははかることができます。

美しい人を連れている、それだけで一目おかれます。

だけどただ美しい人というだけではダメで、さらに上品で洗練されていることも大切です。

私のような厳しい環境で育った人間は、どうしても粗野な人間とみられがちで、揉めると厄介そうな人間だというような雰囲気がにじみ出てきてしまいます。それをうまい具合に緩和してくれるのです。

私の古くからの友人で本当にデタラメな男がいます。この男のエピソードなどの話をすると10人中9名が「そんな人間がこの世にいるのか?」と言って信じてもらえないくらいの男です。しかし、その男の奥様は非常に美しく上品な方で、私生活はもちろん、さまざまな場面でものすごく助かっているそうです。「あれだけの人が奥さんなのだから、きっとよい人なんだろう」とまわりの人間は勝手に誤解してくれるようなのです。

また、連れている女性の話は、まわりの人に与える印象だけでは収まりません。自分自身の立ち振る舞いやセンスなどにも大きく影響を与えてくれます。

私のギラギラした成金趣味を治してくれたのはほかでもない私の妻です。妻はファションセンスがよく、私の持ち物についてよいものを選んでくれます。先にも話しましたが、私はとても清潔感あふれる好青年といえる容姿ではなく、どちらかといえば見た目は乱暴者のようにしか見えない風体でしたが、それをお洒落に変化させてくれました。

出会った頃はとてもまっとうな仕事をしている人間に見えなかった私が少しずつ変化していき、今では初対面の人にも立派なビジネスマンとしてみてもらえることが多くなっています。

皆さんも、連れて歩く女性は美しくて上品な人にしてください。そういった方がいない場合は、ファッションセンスもよい美しい秘書などを雇いつれて歩きましょう。驚くほど、まわりの見る目が違ってきます。

第2章

運を運んでくれる人だけと付き合う

第2章

運を運んでくれる人だけと付き合う

1 運のいい人の特長とは

① 運がいいと言う人は運がいい

世の中には、運のいい人と悪い人がいます。その違いは実に簡単なこと。「自分は運がいい」と普段から言っているか、いないかです。

そんな簡単なことで？　と思うかもしれませんが、実際、私の周りにいる運のいい人は、「運がいい」「引きが強い」とよく口にします。そして、本当に運がいいのです。

どうしてそうなるのか。原理はとても単純です。

世界は周波数、波動でできています。いきなり何を言い出すんだ？　と思うかもしれません

が、しばらくお付き合いください。

「運がいい」という言葉を口にすると、それは「音波」になります。そして、「運がいい」と思い込むことで脳が磁気信号波を出します。すると、脳の「運がいい」という思考に影響を受けて、積極的な行動をするようになる。この行動自体も周波数です。

言葉（音波）と思考（磁気信号波）と行動（周波数）のすべてが波であり「周波数」なのです。この3つの周波数が互いに干渉し合うことで、レーザー光線の原理（コヒーレント）が働いて、とてつもないパワーを発揮するわけです。

結局、何が言いたいかというと、普段から明るい言葉を使うことで、思考がポジティブになり、行動が積極的になる。すると、それがいい結果に繋がっていきます。このいい循環が金持ちになる秘訣のひとつで、金持ちはみんな、それを知っているということなのです。

だからまず、「運がいい」と言いまくりましょう。そのうち脳が「運がいい」と思い込めばしめたもの。行動がどんどん積極的になり、気づけば、運がいい人間のできあがりです。お金という結果はすぐについてくるでしょう。

②私の強運伝説

もちろん、私もかなり運がいい。いえ、そんじょそこらの運の強さではないと自負しています。なにせ、3回も死にかけたのに、こうして無事に生還できているのですから。

昔、金貸し業をやっていた時代は、物騒なことが日常茶飯事でした。倒産整理などを手掛けていたこともあり、周囲には反社がらみの輩が多く、命の危機を感じることもしばしば。たまたまいつものルーチンワークをしなかったお陰で命拾いをした、なんてこともありました。詳細はちょっと危なすぎて、ここではお話できませんが。

さらに、私を襲おうとしていた人物が、途中で交通事故に遭ったなんて嘘みたいな話も。だから、「殺されても死なないのでは」と自惚《うぬぼ》れるくらいには強運の持ち主だと思っています。

私の強運が友人の命を救ったこともあります。約束の時間に遅れていた友人に電話をかけると、もうすぐ近くまで来ていると言います。確認しようと携帯で話しながら喫茶店を出てみたら、300メートル先に友人が歩いているのが見えました。ところが、本来の目的だった私に手渡す物を忘れていたようで、それに気がついた私が電話で「俺の荷物、忘れてない?」と伝えました。すると、友人は「あっ、やべぇ、忘れた。取りに戻るわ」と踵《きびす》を返します。

その数秒後、さっきまで友人が歩いていた場所がガス爆発で吹っ飛びました。間一髪で友人は命拾い。これも、私が持つ強運ゆえだった、と私は信じています。

もちろん、常日頃から「私は運がいい」「私は引きが強い」と口に出しているお陰だということも信じています。

③ 運がいい類友を増やそう

「自分の周りの5人が自分の鏡（5人の平均が自分）だ」という、アメリカの起業家ジム・ローンの言葉があります。運がいい人は同じ周波数を発している人に気づきやすく、自然と周囲に同じ運のいい人が集まってきます。これは逆もまた真なりで、愚痴や不平不満を言う人たちは、やはり、ネガティブな発言をする人とつるみます。このグループには、絶対に入ってはいけません。運気が確実に下がります。

友人になるなら、運のいい人。いつも明るい言葉を使い、何事もポジティブに考え、積極的に行動する人とお近づきになりましょう。きっと、あなたに幸運をもたらしてくれるはずです。

❷ 仲良くなるなら、運が常に更新されている人

① 過去形より現在進行形

運がいい人と付き合う、とはいえ、中には「たまたま運がよかっただけ」の人もいます。強運エピソードが更新されず、同じ話ばかりしている人は要注意。本当に運がいい人は、新しい強運エピソードが、日々生まれているはずです。

たまたまのラッキーか、本物の強運の持ち主か。見極めるには、その人を観察して、また、エピソードをよく聞くことも大切です。

では、自分自身が強運エピソードを更新していくためには、何が必要になるでしょうか。正解は、先のページで話したNG行為をしないこと。つまり、不平不満ばかりのネガティブな集団に、関わらない、加わらないことです。もちろん、自分自身が愚痴を吐いたり、ネガティブな言動や思考に陥らないことは大前提。あちらの仲間に加わった途端、強運がストップしてしまうかもしれません。

付き合うなら、ぜひ、私の友人のようなタイプをお薦めします。私に負けず劣らず運のい

いヤツです。

たとえば、審査がとても厳しい海外送金。その友人の社会的信用からすれば、到底クリアできるはずがないものでした。資産もありませんし、当時は無職でしたから。ところが、楽々パス。私ですら通らかなった審査なのに、です。

この友人の場合、絶対できないと誰もが思うことを、なぜかスルッとやってのけるエピソードを今も更新し続けています。

②真面目な不運くんと、いい加減なラッキーくん

これは、私がチラシのポスティングの仕事をしていた時の話です。

雇っているアルバイトの中に、対象的な二人がいました。一人は、とても真面目な子。一軒一軒きちんと回って、丁寧にポスティングをしていくのですが、どうも運が悪い。まったく注文が取れませんでした。

もう一人は、ちょっといい加減な印象。おそらく、配達予定のチラシを半分くらい捨てていたんじゃないか、と想像できてしまうくらい適当にポスティングをしていました。ところ

が、非常に運がよく、注文がどんどん来る。

さて、あなたならこの二人のどちらを使い続けますか？

私は、真面目な子を切って、いい加減な子を残しました。どんなに真面目でも引きの弱いタイプは成功しません。多少ちゃらんぽらんでも、運を持っているタイプには可能性があります。

実際、仕事への取り組み方よりも運のよし悪しで人を選び、ちょっとした工夫をしたところ、注文が30％増加したのです。やったのは、ポスティングする時に心の中で「自分は運がいい」「自分は引きが強い」「だから注文の電話が来る」と唱えること。これを義務化した。それだけです。けれど、十分な結果が出ました。部下は半信半疑で気持ち悪がった者もいましたが、全員の反応率が上がったのです。

運というのは、それほどのポテンシャルがあります。逆の意味でそれを実感したエピソードを次に話していきましょう。

③ハイスペックだけれど使えない

ある時、これまでにない高学歴くんが中途採用で入ってきました。本来なら、我が社にやってくるなんてあり得ないハイスペックな人材。元勤務先の一流企業でもエースだったと聞きました。

どんな素晴らしい仕事をしてくれるだろうか、という期待は見事に裏切られます。なんと、その彼が担当した7つのプロジェクトが、ことごとく直前ですべてコケてしまったのです。その間、わずか2年です。

彼自身が至らない場合もありました。暗記能力は高いけれど、仕事に役立つものではなく、ビジネスセンスもイマイチでしたから。けれど、不可解なほど不運が重なる場合もありました。たとえば、システムのバグ的な部分を狙い撃ちする企画では、直前になってバグが解消されてしまい、企画自体が成り立たなくなるなど。まさに「運がない」としか言いようのない失敗でした。それが7つも続けば、呪われていると疑うレベルの不運。これはもう、ダメだと思いました。

しかも、使い込みも発覚し、彼をスパッと切り捨てると、不思議なことにポシャった仕事がいくつか復活したのです。まるで、不運を断ち切ったら幸運が舞い込んできたとでも言うように。改めて、運の持つ不思議な力を実感した出来事でした。

運のない人間は容赦なく斬る。冷徹に思える決断も時には必要です。では、もしも家族が、もしもとても身近な人間が運のない人だったら、あなたならどうしますか？

私の答えは、この後の「6．家族が不運体質だったら、どうする？」で明かすことにしましょう。

３ メリットをもたらす人か、見極める

① メリットとは、イコールお金である

残念ながら、運がいい人が必ずしもいい人間であるとは限りません。人を一方的に利用しようとか、騙そうとする悪い人間も一定数いるものです。だからこそ、相手がいくら運のいい人であっても、付き合う、特にビジネスで繋がる場合には、メリットを考える必要があります。

「損して得取れ」という言葉もありますが、ビジネスでこれはご法度。しかも、これを逆手に取って騙そうとする詐欺師もいるものです。その人と付き合うことで「何のメリットがあるか」を冷静に判断しましょう。

ビジネスの場合、メリットはズバリお金です。むしろ、判断材料はその一点だと言っても過言ではありません。友だちだから、知り合いだからと、つい情けをかけてしまうこともあるでしょう。けれど、それは悪手です。これまで、何度もそういうことを繰り返してきた私が言うのだから、間違いありません。

人の99％は恩知らずです。暴言？　いいえ、これは私の経験に基づくデータ。いわゆる、私調べというやつです。

情けから、出資をしたり、金を貸したりしたことは一度や二度ではありません。けれど、その恩を返してくれた人はほとんどいませんでした。それどころか、出資金も貸した金もそのまま返ってきません。そうやって私は億単位のお金をドブに捨ててきたのです。

メリットのない、言い換えれば、お金のリターンのない付き合いは、しないに限ります。けれど、例外もいくつかあります。そんな話をしていきましょう。

②ポテンシャルというメリット

例外のひとつは、相手がすごいポテンシャルを秘めている場合です。

これは、実際に私が経験した話ですが、経営困難に陥っていたとある中小企業に手を差し伸べたことがありました。なぜなら、その会社でしか作れない「技術」を持っていたから。しかし、そのポテンシャルに会社も社長も気づいていなかったのです。

それは、特許もある素晴らしい技術であり、しかもオンリーワンの技術。すぐにそれを独占的に使える契約を結びました。

この中小企業の場合、メリットを生み出すまでの時間はそうかからないとわかっていました。けれど、すぐには金にならない場合もあります。それでも、ポテンシャルが十分にメリットになると判断すれば、迷うことなく助けるでしょう。

ただし、あくまでもポテンシャル、つまり何かしらを持っている場合に限ります。「今はダメでも復活すれば……」という希望的観測に基づく話は、正直、上手くいった試しがありません。「今は何もないけれど、いつか復活できる」では心許ない。メリットだと思えるポテンシャルがあってこそ、手を差し伸べる価値があると言えます。

③メリットよりも義理人情を優先するなら

ただし、ここまでの話をひっくり返すようですが、メリットよりも義理人情を優先する場合もまったくないわけではありません。私の場合、これをする際にはひとつの基準があります。

それは、自分が死ぬ直前「あの時、あいつを助けてやればよかった」と後悔しないかどうか、ということ。これをしっかり考えて、後悔すると思えば、メリット云々はとりあえず脇に置いて助けます。あとは、命を助けられたくらいの大きな恩がある場合。あるいは、そいつのためなら命をかけてもいいと思える相手の場合、ですね。

その他は、若いキレイなおねえちゃんは、もちろん助けます。男ですから、助平心ありありで。とはいえ、実際は助けたからと見返りを要求することはしませんけど。以前、強面に絡まれている女性を助けたことがありましたが、そのまま見送りましたよ。紳士的に、ね。見返りは心の中だけでそっと要求しました。

「困っている時はお互いさま」と言いながら、しっかり裏ではメリットを計算して対応する。ビジネスならそれが基本中の基本です。それでも、やはり人間同士。時にはメリットを度外視する場面もあるでしょう。

4 テイカーを避けてギバーと付き合う

① ギブアンドテイクの本当の意味

付き合う相手や仕事のパートナーを決める時に、ぜひ、覚えておいてほしい基準があります。ここまで話してきた「運のいい人を選ぶ」ことはもちろんですが、実は、それ以上に大事なこと。それは、ギブアンドテイクを正しく理解して、テイカーを徹底的に排除するということです。

ギブアンドテイクの視点で考えると、人は「テイカー」「ギバー」「マッチャー」の3タイプに分類できます。「テイカー」は、自分の利益だけを考えている人。相手から奪い取ることしか考えていない人です。「ギバー」はその逆で、自分から惜しみなく与える人。そして、「マッチャー」は、やってくれたらお礼をするよ、という人で、割合的にはこのタイプの人が最も多いと思います。

それぞれがどういうタイプか、を簡単に説明しただけでも、「ギバー」が「テイカー」に近づいてはいけないことは誰でもわかります。ところが、「テイカー」は「ギバー」を見つけるのがとても上手いのです。しかも、コミュニケーションスキルが高く、魅力的で第一印象が抜群にいいときている。親切な言葉で「ギバー」に近づき、スルリと懐に潜り込んで徹底的に食い物にする、なんてことは「テイカー」にとって朝飯前なのです。

そんな巧妙な「テイカー」を見極め、排除するにはどうすればよいのか。最も有効なのは、アダム・グラント著『GIVE & TAKE 「与える人」こそ成功する時代』（三笠書房）を読むことです。ここには、「ギバー」と「テイカー」「マッチャー」について詳しく書かれているのはもちろん、いかに成功するギバーになるかのノウハウがぎっしり詰まっています。私もこれを読んで、被害金額が激減しました。金持ちマインドを手に入れるための必修本と言ってもいいほどです。

決してアダム・グラント氏の回し者ではありません。けれど、本当に有益なので、この本を手にしたあなたなら、絶対に読むべき一冊です。

②実体験から紐解くテイカーの特徴

他人の本を紹介して終わり、では無責任だとお叱りを受けそうなので、私の体験から導き出したテイカーの特徴を挙げておきましょう。

まず、顔が広いことをやたらと強調する人。これは要注意です。さらに、有名人の名前をよく出すなら、ほぼテイカー確定。こちらが聞いてもいないのに、顔の広さや有名人との交友関係を自慢して「自分スゲー」を見せつけたがる。そういう人は、もしテイカーじゃなかったとしても、高確率で詐欺師の類です。近づかないのが吉。全力で避けて通りましょう。

その他に、テイカーを避ける方法があるとしたら、前の項目で話した「メリット」を考えて付き合う相手を選ぶことでしょう。

テイカーは自分の利益を真っ先に優先します。むしろ、徹底的に食い物にしようとしてきます。だから、こちら側にほぼメリットはありません。そこに気づけば、相手がテイカーだと見抜くことは簡単です。どんなに運がいい人でも、どれほど美味しい餌がぶら下がっていても、テイカーと付き合うメリットは1ミリもなし。デメリットしかありません。

③ 実際にギバーがテイカーと付き合うと

ある時、知り合いになった人が典型的なギバーでした。非常にポテンシャルが高いのですが、マーケティングなどの面に疎《うと》かったばかりに「プロモーションをしてあげる」というテイカーに騙され、都合よく使われていました。

搾取という言葉がピッタリの酷《ひど》い扱いでしたが、当のギバー本人は「奪われている」という感覚がまったくなく、私に指摘されるまで何も気づいていませんでした。むしろ、協力者としてテイカーに感謝をしていたくらいです。それほど巧みに、テイカーはギバーからあらゆるものを奪っていきます。しかも、同情心も公共心も、罪悪感もないので、テイカーは搾取をすることに躊躇も容赦もありません。

だからこそ、テイカーだとわかったら、近づかないことを徹底しましょう。逆に、相手がギバーだったら、こちらからもきちんとギブをして、ギブアンドギブのいい関係を築いていくことをオススメします。

ちなみに、私のチンピラ時代からの（あっ間違えた）若い頃からの友人に、典型的なテイカーがいます。彼を見ている分にはとても面白いので付き合いはありますが、ビジネスでは一切ノータッチを貫いています。そこの線引きさえしっかりできるなら、テイカー観察はけっこう楽しいものです。もちろん、オススメはしませんが。

④ ギバーには2種類いる

詳しい事は先ほど紹介したアダム・グランド著の「GIVE&TAKE－与える人こそ成功する時代」（三笠書房）を読んでほしいのですが、実はギバーには2種類います。1つは自己犠牲型ギバー、もう1つは他者思考型ギバーです。

基本的にギバーとは「相手に与える」ということを先に考える精神性なんですが、自己犠牲型は文字通り自分が犠牲になっても、「自分が我慢すればいいや」という感じで相手を優先させてしまうタイプです。

これが、テイカーに捕まるととんでもないことになります。ちなみに比率の話をするとテイカーは19%、ギバーは25%、マッチャーが56%という統計結果が出ているようです。

だから、もしあなたがギバーであり、自己犠牲型であるのであれば今から言うことを心に刻んでください。

ギバーでも他者思考型ギバーはテイカーの餌食にはならない。

どうしてでしょうか?それは自分の肩にかかっている存在を意識しているからです。私だけならよいですが、私の判断一つで社員や家族の生活が決まる。まずは相手の利益とは考えるが、家族の生活もあるので一方的に不利な話は飲めない。

このように考えてしまうのです。つまり自分と運命を共にする他者のことを考えるから、他者思考型ギバーとなるのですね。

これを常に頭に入れて行動をすると、「自分だけの感情でやってあげる」ということがなくなります。

自己犠牲型ギバーが保証人を頼まれた場合、まず断れないでしょう。

しかし、その保証人を引き受けた事で、もしもの時にどれほどの被害を受けるのか?そして、そうなった場合家族にどれほどの迷惑をかけるか？　これを常に考えるのです。そうすれば、悪辣なテイカーの餌食になることはなくなります。

先にも言いましたが、私がこの本と出合って10年以上たちますが、この本のおかげで本当に何億円ものお金が助かっています。ぜひ一読されることをおすすめします。

5 家族と先祖を大事にしている人を選ぶ

① 悪人と善人を見極めるポイント

先程のテイカーもそうですが、世の中、いい人ばかりではない、というのは紛れもない現実です。しかし、そうした悪人と呼ばれる人たちも、生まれた時からそうだったわけではないでしょう。そちら側に堕ちてしまうきっかけがあったはずです。そしてそれは、誰にでも起こり得ることかもしれません。

たとえば、苦しい状況に立たされたり、困った事態に見舞われた時、ふと悪の誘惑に負けてしまう。そんな、魔が差す瞬間は誰しもあります。けれど、多くの人はそこで踏みとどまる道を選びます。特に、大切な家族を持っている人ならなおさら。家族や自分にとって大切な存在は、悪に染まらない抑止力になります。社会的に、家族を持っているほうが信用されやすいというのは、こうした面があるからこそでしょう。

もっと言うなら、悪人と善人を見分ける時、家族がいるかどうか。その家族を大切にしているかどうかは、大きなポイントとなります。

ただし、悪人たちもバカではありません。そうしたことをわかっていて、家族を大切にしていることをアピールする輩は、当然います。もっとも、本当にピンチになった時は家族を見捨てて逃げるのですが、そんな気配はおくびにも出しません。こうした見せかけの家族愛を見極める、私なりの方法があります。

②先祖を大事にすることは自分を大事にすること

私が見極めポイントにしているのは、先祖を大事にしているか、敬っているかということです。

先祖というのは、自分のルーツです。自分という存在が生まれるには、父と母の存在が不可欠です。そして、父と母にも同じように、この世に送り出してくれた父と母がいます。こうして20代ほど遡ってみると、祖先の数は104万人超という膨大な数になります。その祖先が必死に命を繋いできてくれたからこそ、今、自分はここに存在することができているのです。

近年は、10代の自殺が増えていると言います。若い世代の死因のトップが自殺だと聞けば、暗澹《あんたん》たる思いがします。けれど、多くの祖先たちが脈々と紡いできた命を考えた時、それを粗末に扱うことはできないはずです。そして、そんな大切で尊い命を汚す行為もできないはずなのです。

自分のルーツを知っている人は、祖先を大切にし、敬います。と同時に自分を、そして人を大切にします。だからこそ、悪事に走る前に思いとどまることができ、信用に足る人物でいることができるのです。

③ 自分のルーツを遡ってみたら

もちろん私も、家族と祖先を大切にする善人の一人。家族を危険に晒すような真似も、祖先や家名に泥を塗るようなことも、決してしないと心がけています。

そんな私のルーツを調べてみたところ、祖父から先の祖先は7代先まで博徒でした。ようするに、代々ヤクザもんだったということがわかり、反社にしか見えない自分のルックスに思わず納得したものです。そして、自分が今、トレーダーをしているのも、それで成功を収められたのも、この博徒の血筋なのかもしれません。

これを読んでいるあなたも、ぜひ一度、あなたのルーツを調べてみてください。自分は価値のある人間だ、とわかるはずです。もしかすると、意外な血筋に目覚め、思わぬ才能を発見できるかもしれません。

6 家族が不運体質だったら、どうする？

① どんなに運がなくても切り捨てられない相手

さて、この章の前半で「運のないヤツとは関わるな」と散々言ってきました。けれど、そう簡単に切り捨てられない場合もあります。たとえば、家族。私の場合も、まさにそれです。

私はとても貧乏な家庭に生まれ育ちました。その原因のほとんどは父にあります。ギャンブル好きで借金まみれ……というわけではなく、お金にまったく欲がない人でした。祖母に言わせると、「千円札が落ちていても拾わない。風が吹いて自分の手の中にお札が落ちてくるまで何もしない人」だそうです。しかも、我が家の貧乏を貧乏とも思っていない様子。戦後の時代を生きてきた人なので、空襲で焼け野原になった東京と比べ、今の貧乏など貧乏のうちに入らない、と考えていたようです。

そんな父は今も変わらず、貧乏に鈍感なまま生きています。一方の私は、貧乏だった頃に感じた悔しい思いを糧に、反骨精神むき出しでここまで駆け上がってきました。そして今、私は実家に仕送りをして、その生活を支えています。

赤の他人なら、父のような人を助けようとは思いません。それこそ、運気が下がってしまいます。けれど、家族となれば話は別。もし、面倒を見ずに見捨てたとしたら、私はきっと後悔するはずです。どうしたって見捨てられない相手なら、その人の不運も含めて引き受けるだけの気概を持つしかありません。

② 手を差し伸べても、感情移入はしない

とはいえ、運のないほうに引きずられないための対策として、助けることはしても同情はしないのが鉄則です。

同情はやがて同調に変わります。そして不運な人の言葉が音波となり、こちらの脳波をネガティブなほうへと導いてしまいます。「何をしてもダメかもしれない」という思考になれば、

行動も鈍っていき、自分の口からも愚痴や不満がこぼれていくようになるでしょう。こうなると、くすぶっていく方向に一直線。あっという間に不運な人の仲間入りです。

不運に引っ張り込まれないようにするには、相手に感情移入しないことが大切。間違っても、相手をポジティブに変えようなどと思ってはいけません。なぜなら、人を変えることはできないから。その人の環境や性質を外からのアプローチで変えることはできません。だから、相手は変わらずに愚痴や不平不満を吐き出します。それを聞いても、同情しない、共感しない、感情を動かさないことが重要。

では、具体的にはどう接すればよいのか。その極意を、ご紹介しましょう。

③相手の話は聞いているふりでいい

できれば聞きたくない、愚痴や不満などのネガティブワード。けれど、不運な人と接すると、これらは嫌でも耳に入ってきます。そんな時はどうするか。聞いているふりをすればよいのです。

愚痴や不満を言う人は、それに対する解決策を知りたいわけではありません。ただ聞いてほしいだけ。適当に聞き流していても、案外、相手にはバレないものです。とはいえ、ネガティブな話を聞き続けるのは苦痛なもの。そんな時は、脳内ゲームで遊んでしまいましょう。

愚痴や不満は、感情ワードをカウントするゲーム。ルールはシンプルです。「悲しい」と何回言ったか、「頭にきた」と何回言ったか。これを頭の中でカウントするだけです。ワードを拾っていくゲームなので、相手の言葉を聞き漏らさないよう集中します。すると図らずも、相手の話を真剣に聞いているように見えるのです。相手を不快にさせず、自分もネガティブな話に引っ張られない。つまりこれは、ウインウインなやり方と言えます。

さらにもう一歩先、相手に感謝される話し相手となるには、絶妙な相槌を返してあげる必要があります。もちろん、話の内容は聞き流した上で、です。

方法は、これもとても簡単。相手が発した感情ワードを拾って、それを反復するだけです。たとえば、「こんなことがあって頭にきた」と言われたら「頭にくるよね」と返す。「こんなことをされて悲しい思いをした」と言うなら、「悲しかったね」と返せばいいんです。感情の前にある前段や経緯は聞いている「ふり」で、感情ワードを繰り返すだけで、相手は「すごく真剣に話を聞いてくれるいい人だ」と認識してくれます。もし「どうしたらいい？」と質問を投げかけられたら、これも「キミはどうすればいいと思う?」と反復して返せばＯＫです。

実はこの極意、歌舞伎町のホストくんから聞いた手法。恋愛にも活用できるワザなので、覚えておいて損はありません。

❼ レスポンスの早い人としか付き合わない

① 仕事ができる人はレスポンスが早い

最後にもうひとつ、積極的に付き合うべき人の特長を挙げておきます。それは、レスポンスの早い人。私の経験上、運がいい人、仕事ができる人は、レスポンスがとても早いという共通点があります。しかも、売れっ子で忙しい人ほど、素早くレスポンスを返してきます。

逆に、レスポンスの遅い人は仕事も遅い。だから、初めて仕事をする相手や付き合いの浅い相手などは、レスポンスの早さである程度、その実力を予測することがデキます。

また、仕事が上手くいかなくなったり、トラブルが発生する直前などは、レスポンスが遅くなるという傾向があります。「何て言い訳をしようか」と考えてしまうと、レスポンスはどんどん遅くなります。これは、恋愛でもよくある話でしょう。恋人からのレスポンスが遅くなったら、浮気や愛情が冷めたサイン……かもしれません。

② レスポンスの早さと仕事の質は比例する

レスポンスが遅い＝仕事ができない、という公式が昔から私の中にあったので、部下には常に早いレスポンスを望んでいます。以前は、私からの電話に4コール以内に出ないと「反省坊主」という、ブラック企業的な懲罰ルールがあったほど。これはさすがにやりすぎですが、それほどにレスポンスの早さを重要視している表れでもあります。

コミュニケーションツールが格段に便利になった現代では、スピーディなレスポンスはますます重要視されていきます。私自身、すぐに反応ができなくても、12時間以内にはレスポンスするように心がけています。これは何も、仕事ができる人間だというアピールをしたいからではなく、レスポンスの遅さがビジネスチャンスを逃す要因になることがあるからです。決断は、慎重にスピーディに。大きなビジネスチャンスほど、のんびり待ってはくれません。

③　3秒以内のレスポンスを心掛けた男の話

私がレスポンスで人を判断しているのには理由があります。

それは先にも述べましたが、レスポンスの早さと仕事の質は比例があると考えているからです。これに例外は一切ありません。

ですから、私はどんな場合でもレスポンスが遅い相手は切ります。これは私の経験からくる話でレスポンスが最優先の判断基準です。

私にトラブルが起きた時に雇った弁護士がいました。

その弁護士はある分野では日本一裁判をしたという方でした。過去にも日本中で有名になった事件の裁判を引き受けていることで有名でした。実際に会ってみるとたしかに有能そうには見えましたが、いろいろな連絡が非常に遅い。これはダメだと判断してすぐに解任して別の弁護士を雇いました。

これは後から知ったことなのですが、その日本中で有名になった裁判で、その弁護士は使い物にならなくて最終的に解任されていました。そのままを使っていたらどうなっていたかと思うとぞっとします。

さらにもう一人、私の事業の相談役みたいな立場にいる人の話をしましょう。

この人は知人の紹介で知り合いました。

この人のレスポンスが恐ろしいほど早い。夜中12時であろうが朝方4時であろうが、チャットで連絡するとすぐに返事が来ます。その頃はまだ実績がない時期だったそうで、できるだけ3秒以内のレスポンスを心掛けていたそうです。枕元だと気が付かないときがあるからといって、寝る時の携帯をバイブにしてわざわざ床に置いていたようです。私はこういう人には仕事を頼みたくなります。

ビジネスにおいてスピードは非常に大事な要素です。

仕事では、多くの場合一発で成功することはなく、ほぼ何らかの修正や追加が入ります。この時にいちいちレスポンスが遅いと、修正や追加をして改善できたかがわからず、その後のテストなどをする時間が遅くなりビジネスが止まってしまいます。

私はビジネスが成功する要素の大部分がタイミングだと考えています。これが8割と言ってもいいくらいです。だからレスポンスの早さを私はこだわっているのです。

正直な話、私の場合は仕事のできが80点くらいでレスポンスが遅い人よりも、仕事のできが50点くらいであってもレスポンスが早い人を選びます。その後さまざまな修正や追加、テストを繰り返していくのですから。

完璧主義より完了主義という言葉がありますが、これは本当にそう思います。だから私はレスポンスの早い人間しかつきあいません。

④妻の話にレスポンスをしないワケ

仕事では即レスポンスの私ですが、妻の話を聞く時はあまりレスポンスを返しません。それは、話をきちんと聞いているからこそなんです。

話を真剣に聞けば聞くほど、私の頭の中でその話のイメージが広がっていきます。そちらについ気を取られ、相槌を打つことを忘れてしまうのです。すると、反応を返さない私を見て、妻は話を聞いていないと感じるようで、よく怒られています。

もし、仕事の商談中に、私が上を向いたりまったく相槌を打たなかったりした場合は、話に集中している証拠なのでご心配なく。むしろ、真剣に聞いている時ほどこの傾向が表れるようなので、相槌を打たない内田に遭遇したら、かなり脈ありと思ってください。ビジネスでも、プライベートでも。

第3章

金持ちとのコネクションを作る時

第3章

金持ちとのコネクションを作る時

1 側近から攻める

① 常に側にいる人間の言葉は届きやすい

金持ちや大物とコネクションを作りたいと思ったら、皆さんはどういう作戦を練りますか？

たいていの人は、直接繋がりを持とうとして、いろいろ画策すると思います。よくあるのが、「○○さんと親しい」とか、「○○さんとは昔からの付き合い」という、人を介して近づこうとする作戦。でも、私はオススメしません。

ここまで何度がお話ししているように、大物や有名人との繋がりをやたらと吹聴する人は詐

欺師が多いのです。仲介を盾に取り込まれてしまっては、元も子もありません。

仮にその人が詐欺師じゃなかったとしても、顔が広いアピールをする人ほど、繋がりのある人物との関係が薄い場合が多い。ちなみにこれ、私調べデータです。

自分に置き換えて考えてみてください。本当に親しく深い関係の人、そんなにたくさんいますか？

たくさんの人と繋がっている＝薄く広い関係、だと私は思っています。そんな不確かな関係の人を介するより、もっと有効な手段があります。それはズバリ、側近と仲良くなることです。

大物に限らず、自分の身近にいる人間の話には耳を傾ける人は多い。また、そういった側近の評価を尊重し、信頼もしています。だから、側近から認められれば、第一関門は突破。大物と繋がれる可能性はグンと高まります。

逆に、大物本人への態度がどんなに丁寧なものでも、秘書や受付嬢、側近など周囲への態度がぞんざいな人は信用されません。大物と繋がった後も、側近は味方につけておくのが吉。

「急がば回れ」であり「将を射んと欲すれば先ず馬を射よ」なのです。

② 側近と親しくなるには

金持ちや大物の側近と言われると、頭の切れる優秀な人材をイメージする人が多いでしょう。もちろん、実際そういう人が大半です。ただし、そうではない人物が混ざっていることがたまにあります。変わり種というか、隙のありそうな人。狙うはそこです。

実際、私の側近にもその手の輩がいます。とにかくUFOが大好きで、UFOの話しかしないヤツとか。沸騰しやすく、頭に来るとすぐに手が出る直情型人間とか。なかなかの変わり者たちです。側近だから優秀、とは限りません。

知り合いの社長の中には、ゲームの「スプラトゥーン」が上手いというだけで側近に取り立てたなんて話もあります。これは、何も極端な例というわけではなく、遊び相手を側近にしている社長は結構いるものです。実際私も、昔ではありますが「ストリートファイター」というゲームの相手を付き人にしていたことがあります。

エリート然とした優秀な側近には近づきがたいですが、こういうちょっと変わったタイプの側近なら、つけ入る隙はある、と思いませんか?

側近とお近づきになれたら、なるべく自分の面白いエピソードを披露しておきましょう。

これは、「コイツ面白いな」と思ってもらうためです。

エリートな側近なら、あまりプライベートな話題をボスに話さないでしょう。けれど、遊び仲間の延長のような人材なら、面白いと思った人間のエピソードをボスに話すはずです。「面白いヤツがいる」と言われたら、会いたくなるのが人情というもの。こうして、あっという間に面会のチャンスが転がり込んでくる……かもしれません。

事前にエピソードを知っていると、初対面から「あの○○さんですか。噂はかねがね」となって、かなり近い距離から関係をスタートすることができるのもメリット。エピソードが濃ければ濃いほど印象に残りやすいので、そういったエピソードを持っていると強いです。

たとえば、「2000人斬りを自慢している女の敵みたいなヤツがいる」とか、「ヤクザの愛人に手を出して山に埋められそうになったヤツがいる」とか、「商売仇に襲撃されて殺されかけたことがある」とか。濃厚なエピソードであればあるほど、効果は高いです。

勘のいい人はわかったと思いますが、これらの濃ゆいエピソードは、どれも私の実話。こうした「心温まる」エピソードは側近攻略に大いに役立ってくれました。

③側近と仲良くなるもうひとつの理由

利害関係のない第三者からの意見や評価は信用しやすい。心理学では「ウィンザー効果」と呼ばれていますが、いわゆる口コミ効果のことです。この第三者から伝わるというのがミソ。大物からすれば、信頼している側近からチラチラと話題にされると、「そんな面白いヤツなら会ってみようか?」とその気になりやすいのです。

今まで私自身も、大物に取り入るためにいろいろと試しましたが、側近と仲良くなり、側近から耳に入れてもらうコースが一番効果的でした。

さらに、側近から仲良くなるべき理由がもうひとつあります。

側近は、常に大物の近くにいる存在。言い換えれば、最も近くにいる存在です。側近自身も、そう自負している人が多いことでしょう。これを踏まえると、側近を無視して大物と仲良くなった場合、側近から嫉妬を向けられることがあります。もし、側近から嫌われてしまうと、大物との関係構築はもちろん、ビジネス自体も非常にやりにくくなるでしょう。

だからこそ、側近とは先に関係を作り、信頼を得ておくことがとても重要。どんな世界でも、根回しのできる人間は仕事ができる、と相場が決まっています。

２「約束の15分前」を習慣にする

①遅刻は印象最悪な行為

約束の15分前に現地に到着する。これは、改めて言うまでもなく、ビジネスでは基本中の基本です。待ち合わせなら、早めに着いて相手を待つくらいがちょうどいい。ただ、会社を訪問する場合は、さすがに少し早すぎるので、すぐに受付に行かず、ロビーで待機。ミーティングルームに行くまでの手続きや時間を考慮して、適度な時間に受付をすませるのがマナーかもしれません。

ロビーで待機する時間が無駄だ、と思う人もいるかもしれません。けれど、何事にも余裕は大事です。もし、ギリギリに到着するようスケジュールを組んでいたとしたら、急なトラブルに対応できません。たとえば、電車がほんのわずか遅れただけで、乗り換えに間に合わなくなることもあります。車移動なら、道路が渋滞する可能性もあるでしょう。そうなれば、遅刻は確実です。

遅刻というのは、ビジネスの場に限らず、プライベートでも印象最悪な行為です。なぜなら、遅刻された側は、軽く見られていると感じてしまうからです。

社運を左右するような商談があったとして、その時、遅刻をするような失態を犯しますか？全力でそんな事態は避けるはずです。そう考えれば、遅刻をするのは、たとえそれが不可抗力であっても、優先順位が低いからだと受け取られても仕方ありません。そして、軽んじられて不快にならない人はいません。

私の場合、商談の場に10分遅刻してきたら、その場で切ります。相手がクライアント側だったとしても関係ありません。「時間にルーズな人と取引はできません」とはっきり言います。自分を軽んじる相手を尊敬できませんし、尊敬できない相手とビジネスはできません。それが、私のモットーです。

こんな事がありました。

ある医療法人との取引で、契約することができれば、我が社にとってとんでもない規模の取引になる案件がありました。会社全体の売上も相当な割合で増えるくらいの規模です。

しかし、この取引で私はとても気に入らないことがありました。こちらは会社のトップである私が商談に出ているのに、相手はトップではなく担当者が出てくるということです。

私は基本的にこういった商談は受けないようにしています。相手がどのような企業であったとしても、こちらはトップが出ていくのに相手がひどく格下の担当者・・・。こちらを見下しているのかな?と私は考えるからです。

この取引には仲介してくれた人がいて、その人が最初だけでも我慢してくれないかと言うので、今回は仕方なく応じました。

そして商談当日。取引相手はアポイントに10分遅れたあげく、次の予定があるので予定変更してくれませんか?と言ってきたのです。

私は非常に腹が立って、「もうあなたとは取引しない!帰ってくれ」と言いました。

あなたはこの話を聞いて、もったいないと思いますか?

それは違います。これで仕事を受けたらどうなるかを考えると、最終的に非常に見下されたまま、便利な下請けのような対応をとられ、都合よく使われるだけです。リスペクトすることができない相手とは取引してはいけないのです。

私が絶対と考えているルールは次のようなものです。

・自分は絶対に遅刻はしない。できれば15分前には待機する

・相手の遅刻は10分まで許容し、それ以上は打ち切り

これはぜひ参考にしてもらいたいです。取引が決まれば大きい売上が立つから我慢するとか、損して得取れということは絶対にダメです。

②金持ちの時間の使い方

遅刻が印象悪いのは、軽んじられたと感じるからで、「忙しい時間を割いたのに」と怒っているからではありません。

よく勘違いされるのが、こんなに儲けているのだから忙しいだろう、ということ。実は、金持ちって暇なんです。あくまでも身体は、ということですが。

金儲けの上手い金持ちは、自分で手を動かすなんてことはしません。実作業は部下に任せ、自分は頭をフル回転させてあらゆる状況を想定し、常に最適な答えが導き出せるように思考を巡らせます。だから、頭の中はいつも目まぐるしく動いていますが、身体は空いているという状態です。

逆に、金儲けが下手な人は、時間を切り売りしている人。いつも時間に追われ、大きな金

を掴むことができません。「貧乏暇なし」とはよく言ったもので、真実をズバリと言い当てています。時間の切り売りをしているうちは、いつまで経っても金持ちにはなれないでしょう。

だから、「忙しそうですね」と言われると、私はあまりいい気持ちがしません。それは言い換えれば、社長自ら動かないと成り立たない会社だと言われていることと同義。組織編成が上手くいっていない、部下が育っていないといった会社の弱点を晒されたようなものなのです。

自分がいなくても十分に仕事が回せるような組織作りができれば、完璧。いかにも暇そうな私を見て、「いつも遊んでばっかりいるのに、どうしてそんなに儲けてるの？」と周囲から言われるのが理想です。

3 お土産の選び方、渡し方

① 相手が喜ぶものを選ぶ

得意先にお土産を持っていくなら、気の利いたものを選びたいもの。たとえば、今話題になっている物や、高級品に希少品など。何を選ぶかでセンスを問われます。

私の場合、そういうことが得意な妻任せ。予算と相手の好みを伝えれば、最適なものを選んでくれます。そこには、全幅の信頼を寄せています。

ポイントは、「相手の好みを取り入れる」こと。どんなに話題の品でも、相手の好みにそぐわなければ、効果半減……どころか、逆効果になる危険性もあります。

相手に喜んでもらうためには、まず、相手の好みを知らなければ話になりません。だから、事前リサーチがとても重要。では、そうした情報を手に入れるにはどうするのかといえば、側近から仕入れるのが正解です。

前の項でも話したように、側近と仲良くなることが、大物と繋がる最短コース。相手の好みを熟知した、センスのいいお土産を嫌がる人はいません。

② つまらない物ならいらない

手土産を渡す時、「つまらないものですが」とか、「ほんの気持ちです」とか、「ご笑納ください」などの言い方をしていませんか？　実際、こう言うようにと教えているマナー講師の方も多いようです。それが、常識で、当たり前なのだと。

私はこうした言い方を一切しません。当たり前というのは、目立たないということ。たくさんの人に会い、多くの貢物をもらうであろう大物を相手に、当たり前のことをしていても意味がないのです。

自分を印象づけたいなら、インパクトを残すことが一番の近道。であれば、マナー通りの常識的な渡し方は、むしろＮＧと言えます。どれだけ記憶に残れるか、が勝負。そこで、私はこんな渡し方を実践しています。

やることは単純。いかに素晴らしいものを持ってきたかをしっかり語ることです。

「朝イチで並ばないと手に入らないと評判だったので、早起きして行ってきました」「創業が江戸時代で、歴史ある老舗の逸品です」「これは宮内庁御用達です。これを食べたらもう、他のお店のものは食べられませんよ」など、持参した手土産の値打ちを、きちんと伝えるようにしています。決して「つまらないもの」なんて言いません。

逆に、自分がそう言われたらどうでしょう？　私なら「つまらないものならいらないよ」と言います。「だったら現金持ってきてよ」とまで言うかもしれません。それよりも「どうしたら喜んでもらえるか、いろいろ考えて持ってきました」と、素直に言ってくれるほうが好感度が高いのです。

③ 伝えなくては伝わらない

私の場合、もらう側の立場になることも多々あるので、じゃあ、自分ならどんな物をもらったらうれしいか、どのように渡されたら気持ちがいいか、を考えます。

高級品や限定品でも、相手が興味のないものなら意味がないし、へりくだったありきたりの渡し方ではインパクトに欠けます。奇をてらう必要はありませんが、その他大勢に埋もれたくはありません。だからこそ、自分の言葉で素直に伝えることが大切。あなたのために選びましたと、真摯に思いを込めて伝えれば、その心は必ず、相手に届くはずです。

今日からもう、つまらない手土産は返上して、相手を笑顔にするものを選び、見どころのあるヤツだと思わせる渡し方を実践していきましょう。

4 リスペクトはしても、へりくだらない

① へりくだりすぎると怪しまれる⁉

自分よりキャリアも地位も圧倒的に上の人物と相対する時、もっとも避けたいのは、へりくだった態度で接することです。コメツキバッタのようにヘコヘコと下手に出ると、逆に「何か企んでいるのか?」と怪しまれます。地位のある人や金持ちには、利用してやろうとか、騙してやろうとする輩が群がってくるのが常。だから、そうした人たちはウラを勘ぐることが一種のクセにもなっているのです。

おべっかを使っても通用しません。大物なら言われ慣れているし、事あるごとによいしょ発言をしていたら、言葉は薄っぺらくなるばかりです。滅多にお世辞など言わない人が、思わずポロッと漏らすから効果的に響くもの。本心からの言葉なのだと相手に伝わり、言葉に重みを感じるのです。

では、どのように接すればいいのか。タメ口でフレンドリーに接しましょう、とは言いませんが、必要以上にへりくだるのは無意味。リスペクトを持って接しながらも、自分を決して下に置かない。対等な関係性で相対するのが一番です。

さらに一歩進んで、年齢や立場も関係ない友人になることができたら、きっと素晴らしいビジネスパートナーになれることでしょう。

②損して得取れ、はテイカーの方便

対等な関係になるということは、無理なことは無理だと言える関係。よく「損して得取れ」と言う人がいますが、これは大きな間違いです。

こちらが損する取引を申し出をする人が「今回は損かもしれないけど、次はおいしい案件にするからさ、今回はこれで泣いて」みたいな「損して得取れ」と言いたげな話をしてきます。最初は不利な条件でも、繋がりを作ることで得になるから、と受けてしまったら最後です。「損して得取れ」は存在しません。一度不利な条件を飲めば、次からもずっとその条件を飲むことになります。ろくなことにはなりません。こうした申し出をする人や、「多少損をしても、オレと仲良くなっておいたほうがいいぞ」などと言う人。それは、ほぼほぼテイカーでしょう。

前の章でも頻繁に出てきたテイカー。自分の利益しか考えず、人から奪い取っていく危険人物です。そんな人と付き合っていいことなど1つもありません。だから、「損して得取れ」と提案をしてくる人には、近づかないのが無難です。

テイカーの見極め方は、第2章でもいくつか挙げましたが、ここでもうひとつの特徴を伝えておきましょう。

「この人、テイカーかな?」と疑問を感じたら、側近がその人に何年くらいついているかを見てください。もし、年数が少ないようなら要注意です。なぜなら、テイカーは部下や自分より下だとみなした人、メリットがないと判断した人を、とてもぞんざいに扱う傾向があるからです。

自分より格上には、これでもかと媚《こ》びますが、格下は人とも思っていないような態度にも出ます。だから、側近や部下が居着かず、周囲を固める人間が少なかったり、入れ替わりが激しかったりするのです。

素晴らしい人物の下には10年、20年クラスの側近がいます。逆に、歴が長い人でも3年程度だとしたら、テイカー率は高いと思います。

どんなに繋がりたい相手でも、こちらを下に見て無礼な態度で接してくるなら、すぐに離れ、二度と近寄らないのが得策。相手はテイカーである可能性があるし、そうでなくても、こちらを軽んじる相手と無理に付き合う必要はありません。

③ 頭は下げない。そうやって生きてきた

無礼な相手は切り捨ててもよい、といった発言をすると、私自身が金持ちだからそうできるのだ、と言う人がいます。けれど、そこには反論させていただきます。

私は、お金のない貧乏時代からずっと、自分をリスペクトしない相手とは付き合いをしませんでした。どんなに格差のある相手との取引でも、どんなに儲かる取引でも、単なる下請や便利屋にはならない、というプライドを持って接してきました。「頭を下げるくらいなら、金などいらない」という気概もありました。

尊敬はしても、上下関係は作らない、が私のポリシー。それを貫いてきたし、これからも

それを曲げるつもりはありません。生意気に見えるかもしれませんが、こうした姿勢は、案外、大物に好まれるもの。「武士は食わねど高楊枝」です。

このようなことをすると「大物はつきあいをしてくれない」と多くの人が思うかもしれませんが、そのようなことはありません。

しっかりとした人は、たとえ相手が格下であっても礼儀をわきまえてつきあってくれます。相手の立場で態度を変えたり、下請け扱いするような人とはつきあう必要がないのです。これは、先も話したテイカーの可能性が高いからです。

テイカーは自分より格上の人間には「これでもか!!」というくらい愛想をよくしますが、格下の人間には平気で見下した態度を取ります。

また、私がこういった姿勢を貫いているということを周りは見ています。

「あいつは絶対に風下には立たない」

こういう男を大物は面白がってつきあいをしてくれます。

私は、たとえ相手が自分よりも年下であったり、金や力がなかったりしても、一国一城の主に対して上から目線でものを言うようなことは絶対にしません。

大物はたいていの場合は孤独であり、自分の悩みなどを理解してくれる人はいない場合がほとんどです。だからこそ自分と対等とつきあえる友人がほしいのです。

そうした状況にある人は、自分の友人を自分にペコペコする人間の中から選ぶことは絶対にありえません。だから、絶対に相手がどんなに格上の立場であったとしても、尊敬をしっかり表しても、ひたすら頭を下げてこびへつらうような人間にはなってはいけないのです。

5 聞く時間と話す時間は9対1

① トップセールスマンを見習え

対等な関係といっても、会話の内容にはちょっとした注意が必要です。ペラペラと自分語りをするのは愚策。基本は聞き役に徹し、9割聞いて、話すのは1割程度に抑えるのがベストです。こちらが話す時は、聞かれたことだけに答える姿勢でいればなおよし。間違っても、自慢話、特に人脈自慢などは封印しましょう。

実は、9割聞いて1割話す、というのは、トップセールスマンが採用しているやり方。イメージとして、商品のよさをたくさん語っていると思われがちですが、喋れば喋るほど成約率が落ちるというデータもあるそうです。口の上手さと言葉の多さに、無理に説得されていると感じ、警戒心が芽生えるからではないか、と言われています。

実際は相手に９割喋らせ、悩みや不満を聞き出したり、普段の生活スタイルを探ったりしながら、売り込むポイントを見極めていく。それが、デキるセールスマンの仕事の流儀なのでしょう。

このやり方を活用すれば、相手の望むことや必要なことがわかり、ビジネスをよりスムーズに進めることができます。

②聞き方にもノウハウがある

「相手に９割喋らせる」と、言うのは簡単ですが、実行するのはなかなか難しいものです。よい聞き役となるには、それなりのテクニックが必要です。

覚えておきたいのは、オープンクエスチョンとクローズドクエスチョン。オープンクエスチョンは、どんどん話題が広がっていくような質問のこと。「どう思いますか？」とか、「どうしてそう考えたのですか?」「どんな様子ですか?」など、相手の本音を引き出すことに長けています。もう一方のクローズドクエスチョンは、単純にYESかNOで答えられる質問のことです。

相手に9割喋らせるためには、もちろんオープンクエスチョンが有効。より喋りやすい空気を作るために、相手の目を見て話を聞き、時折うなずいてみるのもいいでしょう。また、メモを取りながら話を聞くと、相手の喋るモチベーションがアップします。メモは本当に取っていなくても、取っているフリでもOK。真剣に聞いています、という姿勢が相手に伝わればいいので、実際は落書きをしていたとしても、相手から見えなければセーフです。

私の経験談になりますが、このメモを取りながら聞くという行為はすごく効果的だと感じています。人の話を一生懸命に聞いているということが本当に相手に伝わります。

お年を召した人だと「人の話を聞く時はメモを取りなさい」と教育された人も多いので、「すいません、大事な話なので忘れないようにメモを取らせてください」と言うと、「おっ?見どころがある人だな」と思ってくれます。

このメモを取るということをやりはじめたきっかけは、あるニュースでその国の最高指導者が話していることを必死にメモする高官たちを見たときでした。その国は最高指導者がすべての決定を行うような国なので、その最高指導者の機嫌を損ねてしまうと、すぐにどこかに追いやられてしまうような大変なことになるのはなんとなく想像できます。つまり、最高指導者の話を聞くという行為に対して自らの全精力を傾けて行っているということになります。

人が重要な話を聞く際に全精力を傾けて行っていることがメモ！

その最高指導者の話を聞く時はメモということは、これ以上に「人の話を聞く時に相応しい態度は存在しない」ということではないだろうか思いました。

こうした話を聞けば、皆さんもなんとなくなるほどと思いませんか？だから、私はこの時から人の話を聞く時はメモをするようにしています。

「凄く勉強になる話です、忘れたくないのでメモを取りますからお待ちいただけますか？」と伝えれば、相手の機嫌がよくなること間違いなしです。

さらにメモを取るときの注意点があります。それは手帳などで誰もがメモを取っているとわかる方法でメモを取るということです。

私がメモを取る場合、スマートフォンのメモ機能を使っています。そうしたメモの取り方は、相手から見るとスマートフォンをいじりながら話を聞いていると誤解される可能性があります。ですから、私は話を聞く際に必ずスマートフォンのメモ機能を使うと一言断ってからメモするようにしています。

ここでちょっと大事なことをさらに付け加えておきます。

話を聞く相手が70歳以上の高齢者の場合、できるだけ手帳でメモをとるようにしてください。スマートフォンを使ってのメモというものを知らない人がいるかもしれないのはもちろんですが、やはり目に見える形でペンが動き、メモを取っているという姿を見せることで、「この人は目上の者の話をしっかりと聞いてくれる人なのだ」ということとしっかりと感じることができるようなのです。

最後にもう一度だけ強調してお伝えします。

人の話を聞く時は「メモ帳を使う」というのは最強の方法です。

③ 聞く力でテイカーをあぶり出し

人の話をよく聞くことで、その人の本質が垣間見えることがあります。考え方や好きなもの、困っていること、キライなものといった情報が集まるだけでなく、その人となりにも触れることができます。言うなれば、その人の正体を見極めることができる。テイカーかどうかも見破ることができるのです。

オープンクエスチョンを繰り返して、どんどん相手に喋ってもらいましょう。自分のことばかり語る人や自慢話が多い人は言わずもがなですが、誰でも喋るほどに本音が漏れ、ボロが出てくるものです。テイカー要素がどのくらいあるか、メモを取りながら話を続ければ熱心に聞き入っているように見えて、ますます興が乗って話し、どんどんボロを出してくれるかもしれません。

さらに補足で話をしておきたいのですが、聞く力であぶり出すのはテイカーだけではありません。メモを取りながら聞く事で、詐欺師などが話している嘘にも気がつくようになります。

先ほども述べましたが、人は話せば話すほどボロがでます。

例えば、警察の取り調べなどでは、刑事や警察官は必ずメモを取りながら話を聞きます。

そして、聞いた話を基にして同じ質問を繰り返したり、質問の順番を変えてあらためて質問したりしていきます。すると相手が嘘をついている場合、質問の答えが微妙にズレてくるのです。そこで、この被疑者は嘘をついていると判断していきます。

こうしたテクニックの為には、相手の言った話を正確に把握する必要があり、さらにこちらからの質問の順番を変えるなども必要となるのでメモが必須になってくるのです。

この警察が使っているテクニックを我々も使いたいですよね？

話を聞いて相手を見極めるテクニックは、ビジネスだけでなく、詐欺師を見抜いたり恋愛にも応用が利くので、ぜひ、そちらでも試してみてください。

⑥ 体験談を話せ、と言われたら

① 実績よりも失敗談

どう聞くか、の次は、自分が喋るとしたら、という話をしていきましょう。

聞かれたことだけに答えるのが基本、と先程言いました。この時、とてもよく聞かれるのが体験談です。これも言わば、オープンクエスチョンの典型例。だからこそ、ボロを出さずに相手に好印象を与える体験談をチョイスする必要があります。

それは何か。失敗談です。

自分を売り込みたい人は、つい実績を語りたがりますが、これは、ほんの少しにとどめておきましょう。素晴らしい実績をたっぷりと語るより、失敗談を笑い話にして話すほうが何倍も有効です。

実績語りは自慢話になりやすく、自分がそれを聞く側だと思えば、あまり歓迎したい話題ではありません。逆に、失敗談で弱みを見せると人間味を感じることができ、それを笑いに変えることができれば、面白いヤツだと気に入られる可能性は高くなります。

実績3割、失敗談7割くらいが程よいバランスだと、私は思います。

②失敗談がウケる理由

失敗談のウケがいいのは、成功者たちも過去にはたくさんの失敗を経験しているから。共感する部分が多いからです。

振り返ってみれば、私自身も、ここまで来るにはいろいろとありました。たぶん、他の社長やオーナーたちより、いろいろとありすぎたと思います。

それでも、そんな自分の人生を正直に語るたび、手を差し伸べてくれる人がいました。そういった人たちがいたから、今の自分がある。だから、これを読んでいるあなたもぜひ、失敗したことも包み隠さず話してみてください。きっと、それに共感する人がいるはずです。

「昔の自分を見ているみたいだな」と言わせたら、あなたの勝ち。いい格好なんてしなくていいんです。素直に、正直に、自分をさらけ出すことが、あなたを前に押し出すパワーになります。

③ 隙のある人は可愛がられる

失敗談のいいところは、売り込み感が薄れるところ。それなのに、しっかりと自分を売り込み、いや、刷り込むことができます。しかも、相手に気に入られる可能性も大です。

完璧で優秀な人よりも、ちょっと隙がある人のほうが可愛げがあって好かれやすいもの。

美人でスタイル抜群のモデル系女子よりも、親しみやすくて笑顔の可愛い癒し系女子のほうがモテることを考えれば、なるほど、と納得しませんか？

最初に実績を軽く語り、その後で失敗談を多めに話すと、自然と実績に信憑性が生まれます。多くの失敗を経験したからこそ、トラブルが起きても対処ができる。困難にぶつかっても途中で投げ出したりしない。そんな信頼を感じる人もいるようです。

ただ、オイシイ話の後にネガティブな情報を話して信憑性を上げるというのは、詐欺師がよくやる手口なので、やりすぎると胡散臭くなるのも否めません。何事も程よく、正直にいきましょう。

⑦ 対等に付き合うには

① 奢られっぱなしはNG

ビジネスで食事に行く場合、立場が上の人が奢る、ということがよくあります。自分より目上の人、立場が上の人が「今日はごちそうする」と言うなら、その場は素直に「ごちそうさまです」と奢られましょう。けれど、それですませてはいけません。

本来、ビジネス関係で食事をするなら、割り勘が基本。少なくとも私はそう考えています。ただ、今挙げた例なら、割り勘で、と言い出すことで相手に恥をかかせてしまうこともあるので、いったんは素直に奢ってもらいます。その後で必ずお返しをするのが、マイルールです。

次に会う時に、相手の好きなものを手土産で持って行くのもいいでしょう。奢ってもらったものが高価ならば、半年先まで予約の取れない店などを手配してご招待する、くらいのお返しを私なら用意します。

問題は、相手は金持ちだから、自分より格上だからと、毎回のように「ごちそうさま」ですませてしまう人。男としてプライドがないし、奢った側からすると、どうしても格下に見てしまいます。逆に、奢られたら必ずお返しをすることで、格下じゃないと相手に示すことができます。

対等に付き合う第一歩は、タダ飯は食べないこと。相手のほうが上位だったとしても、割り勘で食事ができる関係になりたいものです。

大事なことなので繰り返しお伝えしますが、相手が格上の人間だからと言って、毎回奢ってもらうのは絶対にダメです。

これは私の感覚的な話になるのですが、1、2回くらいならよいのですが、毎回奢っていると、何で私ばかりがと腹が立ってくるのです。別にたいした金額ではないのかもしれませんが、こればかりは金額の問題じゃないのです。なんとなく「この人はプライドがないな」と思ってしまうのです。

すると自然にその相手を格下としてみるようになり、最終的には太鼓持ちか取り巻きのような扱いになります。そうなってしまった場合、そこからまた対等な関係には絶対に戻ることがありません。

私がお付き合いをしている人間は、いつもキッチリ割り勘をしてきます。

私の知人で、もう15年来の付き合いをしているある上場企業の社長さんと初めてあったときのことです。

私が「今日は私が払うのでいいですよ」と言っても、どうしても自分の分を払うといってききません。「本当にいいですから。今日は私が払いますので」と言ったら、その人は急に怒りだして「あなたに奢られるいわれはありません。なめないでいただきたい!」と強く言われました。プライドのある人はたいていこうなんですよ。

「貸しは作っても借りは作らない」

その人は私より5歳くらい年長の方だったので、私の配慮が足りずに怒らせてしまったのかもしれません。その時私はその場ですぐに謝罪して割り勘にしていただきました。少し短気で昔気質の人ですが、気持ちのよい人なのでそれからも仲良くさせてもらっています。

「絶対に風下に立たない」

この姿勢は本当に大事です。

② 金持ちとは友人になろう

ビジネスでもプライベートでも、人とは対等に付き合う。上下関係は作らない。これが、私の人付き合いの極意です。それは、相手が自分より力も財力も上であっても、その逆で下であっても変わりません。

私の理想は、友人になるつもりでビジネスパートナーたちと付き合うこと。親しき仲にも礼儀あり、の感覚は守りながら、言いたいことを言い合えて、忖度せずにYESやNOが言える。そして、困った時には手を差し伸べる。信頼すべき友人として付き合えたら、最高だと思います。

だから、対等な関係を築くのが難しい業界には、手を出さないようにしています。たとえば、建築業界。ここは、元請けの力が強すぎて、どうしても上下関係になってしまいます。それが嫌なので、たぶん、私がこの先も、建築業界に進出することはないでしょう。

他にもパワーバランスが片方に傾きすぎている業界はいくつかありますが、そこはこれからも避けて通ることになるでしょう。たとえ、どんなにオイシイ儲け話が持ち込まれてもやりません。たぶん……。

第4章 ビジネスに対するスタンス

第4章

ビジネスに対するスタンス

1 信頼できる人の紹介かつ実績を持っている人としかビジネスをしない

① 知らない業界には手を出すな

ビジネスを始める時、絶対にやってはいけないことがあります。それは、自分が詳しくない業界の仕事に手を出すこと。これは、事業を起こすことに限らず、出資をするとか、そういった場合でも同じことです。

では、なぜやってはいけないのか。答えは簡単。必ず失敗するから。これは、今までよく知らない業界に手を出しては、ことごとく失敗してきた私の経験からくる教訓です。

無知というのは恐ろしいもので、その業界のことを知っていれば、鼻で笑ってしまうような手口に簡単に騙されます。はい、実際に騙されたバカがここにいます。今まで数億円という大金を溶かすほど痛い目に遭ったからこそ言える「餅は餅屋」。素人が考えたアイデアが上手くいくことなど、ほぼありません。どんな業界にもノウハウがあり、それを知らずに手を出せば、しっぺ返しを食らうのがオチです。

そこで私は考えました。だったら、専門家を雇えばいいじゃないかと。優秀なコンサルタントをつければいいだろうと。実はこれが、大きな落とし穴なのです。

②　なんちゃってコンサルタントに気をつけろ

世の中には、ほぼ詐欺師のような「なんちゃってコンサルタント」が存在します。いえ、9割がそうだと言っても過言ではないでしょう。そして業界を知らないと、そのコンサルタントが本物か、ほぼ詐欺師か、その見分けもつかないのです。

最初に断っておきますが、ここからは少々、口が悪くなります。それほど苦しく辛く悔しい経験をしてきたのだと、ご理解ください。

と、思わず前置きをしたくなるほど、私が出会ったコンサルタントは最低最悪な輩ばかりでした。

業界にコネなどなかったため、コンサルタントを選ぶ際、大手企業や上場企業なら信頼できるだろうと思いました。ところが、蓋を開けてみれば、これがもう酷い。新卒3年目みたいなヤツがやってきて、テンプレ通りのことしか言わない。業界に関する本を10冊も読めば、誰でも言えるような内容。それで年間契約740万円もふんだくる。「これが詐欺じゃないなら、何が詐欺なんだ」と言いたいくらい。あまりに役に立たないので途中で解約しようとすれば、違約金がかかるとか何とか。「これが詐欺じゃないなら……」と何度でも言いたくなります。

最終的には、契約は残したままでもう来なくていいと言いました。何を提案されたところで何の役にも立たないからと。本当に「これが詐欺じゃないなら……」のエンドレスでした。ちなみにこの会社は上場企業です。あまりにも頭に来たので、残りの人生をかけて「あそこはダメだ」と言いふらしてやろうかと思っているくらいです。

考えてみれば、天才的なアドバイスができるコンサルタントが、そう何人もいるはずはありません。もしも、その一人の天才のノウハウを学んだ秀才が何人かいたとして、大規模にはなり得ない。有名企業や上場企業という規模になっている時点で、そこにいるほとんどが、天才でも秀才でもない、テンプレを学んだ凡人なのは当たり前なのです。こんなこともわからないバカだったんですね、私は。

③信頼できる人が認めた人こそ信頼できる

業界の有名人がオススメしているから、というのも信用なりません。その有名人を直接知っていて、直に話して薦められたなら話は別ですが、何かの本で言っていたという類なら、疑ってかかるべきでしょう。実際、私はこのパターンでも痛い目を見ています。

そして、自分から売り込んでくる場合も相当怪しい。以前、YouTubeのコンサルタントと契約をしたことがありました。青○王子やア○ム法律事務所のような有名チャンネルのコンサルティング実績がある、という売り込みを真に受けてしまったのです。結果はご想像の通り。これ以上ないくらいカスでした。

タネ明かしをすると、そのなんちゃってコンサルタントは、単に無料で有名人のコンサルティングを引き受けて実績にしていたのです。ある意味、インチキみたいなやり方をしていた輩でした。半年ほどで契約を打ち切りましたが、「クソの役にも立たない」とはこのことだろうと。本当に実績も世間の評判も当てにならないと実感しました。

では結局、誰なら信頼できるのか。それは、自分が信頼している人が信頼している人。これに限ります。そういう人なら当然、実績も問題ありません。

お金に物を言わせても優秀な人材は手に入りません。むしろ、騙される確率が上がるだけです。

いいカモにならないためには、まず、知らない業界には手を出さないこと。もし、その業界に進出したいなら、信頼できる人、あるいは、信頼できる人から信頼されている人と組むこと。これが鉄則です。

❷ 金持ち以外が持ってきた話は基本的に聞かない

① いい儲け話のカラクリ

昔、金貸し業をやっていたこともあり、今もいろいろな人から出資を求められることがあります。よくあるのが「いい儲け話がありますよ」的な話。ただ、この手の話は上手くいった試しがありません。たとえそれが、とても斬新なアイデアであったとしても、心引かれる魅力的な提案であったとしても、安易に信用して出資するのは愚策です。

少し考えてみればわかることです。あなたが「儲かる話の種」を持っていたとします。資金があれば成功間違いなし（実際は確実な儲け話などこの世にはありませんが、便宜上）だとしたら、まず、どこに資金調達をお願いしますか？

最初は銀行に話を持ち込むでしょう。そこで断られたら、自分の親族の中で一番金持ちである人に相談をする。それもダメなら、次は金持ちの親友。その次は親友が紹介してくれた知人。それから、知人から紹介された顔見知り程度の他人。こんな順番になりませんか？

そして、もう一度よく考えてみてください。さして親しくもない人から持ち込まれる儲け話は、あなたのところに来るまで「何度も断られ続けた話」だ、ということです。銀行が融資したがらない案件であり、親族が金を出し渋るものであり、親友ですらたらい回しにする話。

それって、本当に儲かる話ですか？

②儲け話を人に持ってくるワケ

儲け話を誰かに持っていくということは、その人にお金をあげるのと同じこと。そこまでしてあなたに近づきたい、あなたと仲良くなりたい人です。たとえばあなたが、政権与党の政治家であるとか、とある業界のフィクサーであるとか、地域を牛耳る黒幕であるとか。いわゆる「大物」と言われる人物ならわかります。儲け話をきっかけに接近したいという思惑があるかもしれません。

けれど、たいていの人はそうではなく、私にしたところで多少の金持ちだ、という程度です。銀行や親族、親友を差し置いてまで金儲けをさせて恩を売りたいほどの大物ではないでしょう。

儲け話を親族でもない人に話すケースがあるとすれば、相手にとても恩義を感じている場合です。命の恩人であるとか、ピンチに陥った時に手を差し伸べてもらったなど、特別な恩がある相手にならら、儲け話を持っていっても不思議ではありません。これは、損得を超えたところにある関係。いわば、例外中の例外です。

本当に儲かる話なら、それをわざわざ赤の他人に持っていく人はいません。この理屈がわからない人が詐欺に騙される、いや、カモられる人なのです。

③ 本当の儲け話はファミリー&フレンズ

本当に儲かる話は本来、外には出ません。親族（ファミリー）か親友（フレンズ）に持ちかけた時点で完結します。実際、私が出資や投資をして成功したビジネスはすべて、金持ちの信頼できる友人が持ってきた話です。関係の薄い知人や、それよりもっと遠い顔見知りが持ち込んだ話は、ほぼ失敗します。これ、私調べですが、私の友人の金持ちも同じように言っていますから、統計的に信頼して大丈夫です。

言い換えれば、儲け話は仲間内のクローズド環境で循環しています。つまり、こうした金持ちコミュニティに入っていない時点で、儲け話には縁がないということです。

だからこそ、今、この本が必要なのです。運を味方につけて金持ちとコネを作るにはどうすればよいか。そのノウハウがこの本にはわかりやすく、具体的に書かれています。これは、金持ちコミュニティの入口と言ってもよいもの。最後までしっかり読み込まなくては、絶対に損です。

③ 本当の儲け話はリスクから説明される

① 必ず成功するビジネスはない

よく詐欺師は「絶対に儲かります」と言いますが、その時点でダウト。最初から必ず儲かると確約できるビジネスなど、この世には存在しません。儲けというのは、リスクに対するリターンなのです。

あなたが誰かをビジネスに誘うとしたら、それはどんな時でしょう？

おそらく、リスクがある時だと思います。たとえば、初期投資にとてもお金がかかる。失敗したときのリスクを一人では背負いきれない。だから、そのリスクを共有してもらえませんか？　と誘うわけです。そして、そのリスクを共有してくれたら、儲けが出た時にリターンとしてお返しします、となります。

リスクもなくリターンだけがある。そんな話は120％詐欺です。最初から儲け額や報酬を提示されたら要注意。そんな甘い話、オイシイ話なんてないと、肝に銘じましょう。

②儲けよりもリスクが先なら信用度アップ

私自身、他社と共同でビジネスをする場合や、出資や投資を募る時、必ず、リスクから説明をスタートします。

「まず、私がお金を持って逃げるリスクがあります」と話し始めると、その場は爆笑となるのですが、これは、冗談半分、本気半分です。

別に、私自身が持ち逃げをするということではなく、もしかしたら、私が信頼して事業を任せる人物が裏切ることがあるかもしれない。どんなに実績があろうと、信頼に足る人物であろうと、魔が差すことはあります。人的なリスクは可能性としてゼロではないことを、私は経験上知っています。であれば、それもきちんとリスクとして説明をしておくべきだと、私は思います。

その他にも、失敗した場合の損失についても、想定できる範囲ですべてお話します。包み隠さず、正直に話をすることで、相手の信頼を勝ち取ります。その上で、儲け話は最後の最後。成功するかどうかわからない、海のものとも山のものともつかない話に乗ってくれた。それに対する「ありがとう」を返す。それが、リターンという儲けとなるわけです。

③リスクと儲けは表裏一体

私自身がリスクから話をするので、逆の立場になった時も、当然、リスクについて話さない人物は信用しません。むしろ、「このリスクを一緒に背負ってください」とストレートに言われたほうが響くこともあります。

ビジネスをする際「必ず成功する」と自分に暗示をかけることも大事ですが、本当に成功することしか考えていないと足をすくわれます。成功しない要因を事前にあぶり出しておくことで、その失敗の可能性を潰していくこともできます。だからこそ、リスクを語らない、考えない人間とはビジネスは一緒にしない。それを私は徹底しています。

信じる者は救われる、ことばかりじゃないのがビジネスの世界です。騙されてカモられないためにも、きっとこの本が役に立つはずです。

4 一緒に遊びたくない相手とは組まない

① ビジネスは遊びじゃないけれど、パートナーは遊び友だちがいい

私の場合、というか、ほとんどの金持ちの場合、ビジネスをする相手は、一緒にいて楽しい人や遊び仲間を選ぶのが基本スタンスです。むしろ、そうじゃない相手とは組みたくない。そう思わせる出来事が過去にありました。

個人的な印象として「ちょっといけ好かないな」と思った相手とビジネスで組んだことがあります。相手はすごく優秀な人で、利益をもたらしてくれる人物でもありました。けれど、気に入らない。たぶん、人としての相性が良くなかったのでしょう。

ビジネスが上手く回っている時はいいんです。けれど、業績が悪くなると、もう相手に不信感しかなくなる。元々、相手によい感情を抱いてないのですから、どんどん悪い方向にしか考えなくなって、関係もビジネスも、もう悪化の一途です。こうなると止める術はありません。

こういう実体験があるから、どんなに優秀な相手でも、個人的に好きになれない人であれ

ば一緒に組まないようになりました。半年くらいの単発のビジネスなら、百歩譲って考えなくもない……ですが、やはり嫌なものは嫌。ソリの合わない相手とは、どう足掻いても上手くはいきません。

②リスペクトのない相手とは長続きしない

そもそも、ビジネスの話が先にありきではなく、一緒に遊んだり、よく集まったりしているうちに「何かやろうぜ」で始まることも珍しくありません。場合によっては、その人に定期的に会いたいから、一緒にビジネスを始める、なんてことも。ビジネスよりも間柄が先にくる。相手をリスペクトしているからこそ、いい関係が築けていいビジネスパートナーになれる。それが基本スタンスです。

お金になるから組むというのは、上手くいかない典型。これは言わば、お金目当てで好きでもない金持ちと結婚するようなものでしょう。お金の不自由はないかもしれませんが、絶対にストレスが溜まる。そんな関係、長続きするはずがありません。

一緒にいて面白い相手、一緒に遊びたい相手じゃなければ、ビジネスをしていてもつまらない。自分が楽しくない仕事に熱意なんか持てますか？

③かつて傲慢だった自分を反省

リスペクトできない相手のナンバーワンは、人に対して横柄で威圧的な人。会社のトップなら部下に当たりが強いとか、夫婦でも妻を下に見ていたりとか。フィフティ・フィフティの関係でいられない人はリスペクトできません。

そして、お金を払うほうが偉いと思っている人。これもリスペクトできない相手です。と、偉そうに言っている私も、かつてはそちら側の人間でした。こちらがお金を払っているんだから言うことを聞け、と思っていました。

けれど、ビジネスをやっていろいろと経験していくうちに、自分の間違いに気づきました。こちらはお金を払っているかもしれないけれど、相手も長い時間をかけて極めた技術を提供してくれている。これは、対等の関係であるべきだと。

レストランでこだわりの料理を出してもらった時、これを作るまでにどれほどの時間をかけ、情熱を注いできたんだろうと思うわけです。

正直、飲食業界は利益率が低く、私なら絶対に手を出したくない世界です。けれど、その料理を作ってくれたシェフは、利益とかお金とかじゃなく、本当に料理をすることが好きだからそれを極めて、私たちに提供してくれている。そう思った時、素直に「ありがたい」と思いました。

お金を出しているから偉いなんておごった気持ちは、今の私にはありませんが、そう思っているだろう人はひと目でわかります。かつての自分に反省を込め、そういった人物とは付き合わないことにしています。

5 絶対に資金ショートしない資金配分を考える

① リスク計算はシビアに

ビジネスにリスクがあるのは当たり前。だからこそ、どの程度のリスクなら自分の許容範囲か。その基準をしっかりと自分の中に持っておくことが大切です。私は、自分が熟知している業界のビジネスで、100%信頼できる人から話が来た場合、流動性純資産の30%までと決めています。

流動性純資産というのは、家などの不動産や固定資産を除いた資金で、1年以内に現金に替えられるお金のこと。平たく言えば、自由に使えるお金。万が一それをなくしても他に影響を及ぼさない余裕金です。

これの3割までなら、たとえ失敗してもいいと考えます。あくまでも自分がよく知る業界で、自分が信頼している人からの話ならば、という条件つきですが。

100％信頼できる相手が持ってきた話でも、自分がその業界に詳しくない場合、出せる資金は流動性純資産の10％まで。そして、資金投入を決めたら、すぐにその業界について学び始めます。知らないからといって人任せにせず、勉強していく中でリスクが大きいと判断すれば、手を引くこともあり得ます。

では、熟知している業界のビジネスで、話を持ってきたのがそこそこ信頼できる人物だったらどうするか。この場合は、流動性純資産の5％がMAX。もしも詳しくない業界であれば、1％が限界でしょう。

リスクを追うのであれば、その相手は信頼できる人かどうかというのが大前提。業界についての知識は後からでも身につけることはできますが、信頼は一朝一夕に築けるものではありません。だからこそ、それを基準に置いているのです。

②すべてをかけるのは絶対NG

よくニュースなどで、老後の資金を全部つぎ込んだら詐欺だった、という話があります。これ、本当にNGです。

上手い儲け話に騙される時というのは、不安や心配を抱えている時です。特にお金の面で。そんな時は「上手くいったらいいな」「助かるな」「楽になるな」と、つい成功したことを夢見てしまうものです。私もかつて、貧乏だった時代はそうでした。

そうして儲け話に踊らされ、とんでもないリスクを取ってしまう。それこそ、全財産をつぎ込むような危険を冒してしまうわけです。

ここまで何度でも言ってきたように、100%確実に成功するビジネスなんてありません。上手い話を聞いた時ほど、夢を見るのではなく、現実を見ましょう。成功を前提にした未来ではなく、失敗した場合のリスクを考えれば、自ずと答えは見えてきます。

この本の冒頭でも話ましたが、人生は何度でも挑戦し続けることができます。

しかし、挑戦するためにはある程度の資金が必要になります。そのため資金管理は非常に大事になります。この挑戦が失敗したらもう後がないというのは絶対にダメなのです。

ここで資金について一つ重要な話をします。

この挑戦するための資金について、ほとんどの人がまずは自分のお金だけでやろうとします。しかし、それではできる範囲が限定されてしまい、スケールが小さく失敗する確率の高いものになりがちです。挑戦するのに「自分のお金だけで挑戦しないといけない」という規則はありません。

イーロン・マスク氏を見てください。自分で貯めたお金だけでスペース・エクスプロレーション・テクノロジーズ（通称：スペースX）を立ち上げたでしょうか？自分のお金だけでツイッター（現：X（エックス））を買収したでしょうか？

ソフトバンクの孫正義氏を見てください。自分のお金だけでArmホールディングスを買収したでしょうか？

もちろん、そのようなことはありません。

こういった考え方はスケールダウンしても同じです。あなたが飲食店を始める。美容室を始める。そんなときに、この挑戦に出資してくれる投資家を探したっていいんです。

まずは、こういった観点もあるのだということを意識しながら資金配分は厳密に行うようにしてください。

③ 捕らぬ狸の皮算用はしない

これが失敗したらすべてを失う。そんなリスクと引き換えにリターンを得ようとするのは、ギャンブラーのすることです。ビジネスで成功しようと思うなら、リスクを冷静に見極め、リターンとのバランスを慎重に図り、損をしない投資をすること。それだけです。

見極める目に自信がないと言うなら、自分が100％信頼できる相手以外からの話は受け付けない。自分が熟知していない業界には手を出さない。そして、提供する資金は、余裕金の中から多くても3割程度の範囲にする。

これを守れば、背負いきれないリスクをかぶることはあり得ません。そうして着実に資金を増やしていけばいいのです。

6 常にバックアッププランを用意し、相手任せにしない

① お金は出すが口は出さない、は絶対ダメ

プロ野球では「お金は出すけれど口は出さない」オーナーが最高だなどとよく言われます。けれど、ビジネスでこの姿勢はご法度。「お金は出すから配当だけ持ってこい」で失敗した事業は数知れません。

失敗したら命が危ないと思わせるような秘密の実行部隊や自前の軍隊を持っている人なら話は別ですが、管理もしない、興味も持たない相手に、一生懸命になって仕事をしてくれる奇特な人はいません。適当にいい加減に仕事をやられるか、裏切られるか。何にしても成功するビジョンは見えません。

ビジネスをするなら、決して他人任せにはしないこと。当たり前ですが、これは必須です。任せる相手がどんなに信頼に足る人物でも、その人が失敗する可能性、裏切る可能性はゼロではないのです。ここにもリスクはあります。

だから、自分事として考え、直接手を下さないまでも、管理は必須。そして、失敗した時

のことを想定し、バックアッププランを用意しておくことも重要です。

私の体験談になりますが、これまでお金を出すから配当だけ持ってきなさいといって、うまく行ったことは一つもありません。だから絶対にこの方法は取らないとよいでしょう。逆に、世の中の詐欺話は多くがこのパターンと言っていいくらいです。

私の場合、まずは資金管理を徹底しているので失敗しても痛くないお金しか出さないと決めています。この「お金を失ったら終わってしまう」というような金額は絶対に出しません。つまりこの投資がうまく行かなくても、「話が違うじゃないか！嘘つかないでくれ」くらいで終わってしまうくらいな感じです。

これまでに成功したといえる事業は、そのほとんどが私がしっかりかかわった事業です。自分の担当するところが決まっていて、仲間と協力した事業はたいてい成功しています。

まずは、あなたも絶対に「毎月に配当だけ持ってくるように！」というような出資はしないでください。おそらくそのほとんどが失敗します。これは私が今までに何億円と失って身に染みた経験談なので間違いのない話です。

②成功するまでバックアップする

ビジネスが１００％上手くいくことがないなら、失敗に備えてバックアッププランを考えておくことは必要不可欠。実際、私も失敗を見据えて二の矢、三の矢を準備するようになってから、ビジネスで大きな失敗をすることがなくなりました。

たとえば、インスタグラムでビジネスをしようとする場合、まず、集客を増やすことが先決。それに対する最初のプランを立て、それが上手くいかなければ次のプランを考えます。集客がある程度上手くいくと、今度はセールス部分が弱いという欠点が見つかる。ならば今度は、セールスのトークマニュアルを見直してみるとか、営業の教育体制を改めるとか、次のバックアッププランを動かしていく。

１つが上手くいき始めると、次の欠点が見つかる。それを改善するとまた次と、バックアッププランを実行するごとにビジネスはよりよい形へと変化していきます。

では、バックアッププランはどのくらい用意しておけばよいのか。そう聞かれることがあります。それに対する私の答えは「成功するまで」です。ある意味、ビジネスに失敗はありません。失敗してもバックアッププランを試み、成功するまでずっと改善し続ける限り、失敗は失敗ではないのです。つまずいたところで終わってしまうから、ビジネスが「失敗した」となるわけで、続けている限り、成功に向かっているビジネスとも言えるのです。

③私が実践している方法

外注を使う時、1社に任せきりにするのではなく、数社に分散することがよくあります。広告代理店などと付き合う時は、よくこの方法を使います。

広告の反応が芳しくない時、代理店は「もっと予算をかけましょう」という提案をしてきます。けれど、同じ予算でもB代理店はちゃんと結果を出しているという事実があれば、代理店の言いなりになることはありません。むしろ、上手くいっていないところに対しては予算を削り、上手くいっているほうへその予算を回します。こうして互いに競わせることで、よりよいもの、よい結果が出てきます。また、上手くいっている事例を共有することで、さらによい循環を生むこともできます。

成功しても、それがずっと続くとは限りません。広告で言えば、流行は移り変わっていくものだし、マンネリには変化も求められます。だからこそ、常に変更や修正を繰り返し、ひとつの成功体験にとらわれることなく、アップデートしていくことが、成功し続ける秘訣なのです。

第5章

お金の使い方

第5章

お金の使い方

1 リセールを考えて買う

① 金持ちがブランド品を買う意味

お金に余裕が出てくると、ブランド品を買いたがる人というのは意外に多いものです。私の妻もブランド品が好きでよく買います。ただこれは、「ブランド品を持っている俺スゲー」をしたいからではありません。ブランド品は見栄を張るためのものではなく、資産のひとつなのです。

それが証拠に、金持ちは中途半端なブランド品は買いません。中途半端というのは、買った途端に値打ちが3分の1や価値がゼロに落ちてしまうような品であり、金持ちじゃない人

が頑張れば手に入るくらいのもの。もちろん普段使いをするとか、とてもデザインが気に入っているならば、持っていてもいいと思います。その人にとっては価値があるものですから。けれど、金持ちの思考からすれば、自分の個人的な価値よりも、世間から見て価値があるものかどうかが重要です。

この本の第1章で、私は服装にはこだわらないが時計はよいものを持つ、という話をしました。一流の時計が自分の身分を保証してくれるものだと。しかし、一流ブランドなら何でもいいというわけではありません。そこにはもうひとつ選ぶ基準があり、それが「リセールできるかどうか」という点です。

ブランド品を手にする場合、欲しいから買う、一流の証として買うなど、理由はさまざまです。しかし、リセールを考え、また、資産にすることを考えるのが金持ちの金持ちたる所以。本当に価値のあるものにしか、金持ちはお金を使いません。

②お金がお金を呼んでくる

私の妻が買うブランド品は、買った後で必ず値上がりしています。これは買う時にリセールを意識しているからです。希少性のあるもの、価値のあるものを選んでいるから、エルメスのバーキンなどは、買った時の倍以上になっているものもあります。

ただし、そういう価値のあるものは、誰でも手に入れられるわけではありません。バーキンの例で言えば、何度もエルメスのお店に通い、何百万円もの買い物をし、店員と仲良くなってからようやく出してくれるような品。一見さんが「ください」と言っても出てこない特別な逸品なのです。

だからと言って、本当にリセールに出すわけではありません。私も妻も、転売ヤーではないので。ただ、価値の基準のひとつとしてリセールを意識しているということです。

金持ちは、何も大きなお金を稼ぎ続けているから金持ちになっているのではなく、稼いで貯めたお金が何もしなくてもお金を生んでくれるサイクルを作っていることで、金持ちで居続けることができています。

お金がお金を呼んできてくれる好循環。先程のバーキンがいい例です。妻がしたのは、バーキンを買っただけ。けれど、それが倍以上に値上がりしている。これは、その分、資産が増えたことを意味します。つまり、購入した後は何もしなくても、バーキンは新たなお金を生んだということです。

こうなると、ショッピングがもう、資産運用のひとつと言っても過言ではなくなります。だからこそ金持ちは、日々の小さな買い物でも「価値があるものか」「リセールしたらどうなるか」を考えています。こういうことを徹底することも、金持ちになる条件なのかもしれません。

③ だから、金持ちは持ち家を持たない

いつだったか、ホリエモンこと堀江貴文さんが「家を買うやつはバカだ」なんて発言をしていました。私もその意見には賛成です。まあ、バカだとまでは言いませんが、リセールを考えると、持ち家なんてリスクしかありません。

35年くらいの住宅ローンを組んだとして、それを払い終わる頃には、その家には価値はほぼ失くなっていて、売り物としては土地くらいしか価値がありません。今後、人口が減っていくことを考えても、中古の住宅に住みたいなんて奇特な人はいないでしょう。つまり、家はリセールできないということです。

住宅ローンを組む人がよく言うセリフで「俺に万が一があっても女房と子供に家を残してあげられる」というのがあります。でも安心してください、あなたが死んでも「女やもめに花が咲く」という諺もあるくらいなので、心置きなく成仏しましょう。

私も、今現在住んでいるのは賃貸マンションです。自分が住むために不動産を持つなんて非効率なことはしません。人に貸すためであれば、不動産を持っている意味もありますが、自宅は賃貸で十分です。

金持ちは価値の下がらないものを買います。それは、時計も車も、バッグも家も同じこと。こうした考えを普段から身につけていれば、あなたが金持ちの仲間入りをする日も近くなることでしょう。

2 請求書を待たずにすぐ払う

① 金払いがいいところに人は集まる

私の会社の場合、末締めの翌月5日払いと、サイクルがとても早いです。けれど、請求書をもらったら、その日のうちにすぐに払ってしまうこともわりと多いです。たとえば、月の前半に請求書をもらった場合、翌月の5日まではけっこう遠い。それを待っているより、すぐに払ったほうが取引先にも喜ばれるし、実際、忙しくても私の仕事を引き受けてくれます。

考えてみてください。締めてから25日後に支払うところと、納品したらスグに支払ってくれるところがあったら、どちらとお付き合いしたいですか？　金払いのよいほうと仕事をしたいと思いませんか？

私が金払いをよくしているのには、仕事を優先してもらえる以外にも理由があります。

請求書を送られるということは、その対価となるサービスをすでに受け取っているわけです。受けたサービスにお金を出すのは当然のこと。しかも、後払いなのですから、なるべく早くと考えるのが、私の中では自然なことなのです。

そしてもうひとつの理由は、取引先がみんな、私の仲間であり、友だちであるから。

前の章で「一緒に遊びたいやつとしか仕事をしない」と言ったのは、比喩でも何でもなく本当の話。実際、取引先として付き合っているのは、気が置けない仲間たちです。

であれば、早く払いたいし、ニコニコ払いたい。気持ちのいい付き合いをして、長く一緒に仕事も楽しみたい。そんな気持ちも、金払いのよさのウラにはあるのです。

② お金にも感情がある⁉

請求書をもらってお金を払う。これを「お金を取られる」と考えてしまう人がいますが、それは大間違いです。先程言ったように、受けたサービスへの対価だから払うのが当然という話とは別に、お金の特性からもわかることです。

よく「お金は寂しがりや」と言われます。仲間のいるところへ行きたがるから、金持ちのところにお金が集まるなんて話もよく聞きます。私はそれだけではなく、お金にも感情があると考えています。

「お金が出ていくのは嫌だな。ずっとここにいてほしい」とあなたが思っても、お金はそれを嫌がっているかもしれません。たとえば、あなたが「ずっとここにいて」と家に閉じ込められたら嫌になりませんか？　自由に遊びにも行けず、家から一歩も出られないとしたら、それを自分に強いている人に好意は持てないでしょう。もし、お金もそのように考えているとしたら、どうでしょう。

別れる時に未練たらしい往生際の悪い男だと思われたくない私は、「遊びに行っておいで。そして、友だちいっぱい連れて帰ってこいよ」と言ってお金を送り出します。今まで一緒にいてくれてありがとうという感謝の気持ちも忘れません。そうすると、不思議なことに本当にたくさん友だちを連れて、お金が帰ってくるんです。なかなか律儀で義理堅いやつなんです、お金って。

束縛しない。執着しない。恋愛上手な男は、もしかしたら、金儲けも上手い……かもしれません。

③金は天下の回りもの

昔の人は「金は天下の回りもの」と言いましたが、これ、かなり真実をついた言葉です。先程言ったように、気持ちよく送り出したお金は、巡り巡って、再び私のもとに帰ってきます。逆に言えば、送り出さなければ帰ってくることもない。つまり、出すものを出さなきゃ、リターンもないということです。

だから、詐欺みたいなコンサルタントにもスピーディに支払いました。見抜けなかった自分への授業料だと思って。その時はドブに捨てたと思ったお金も、いつか巡り巡って帰ってくるものです。

金回りが悪い時、ついお金を出し渋ってしまいがちですが、それではいつまで経ってもお金は巡ってきません。お金の出入り口は、まず、出口が先。その後で入ってくるという順番です。だから、金払いをよくしていると、出ていったお金が友だちを連れて帰ってきてくれる。このいい循環の中に入れば、もう、お金の心配をすることもないでしょう。

③ 即断即決しないと話はよそに行く

① 本当の儲け話は瞬時の判断が必須

前の章で「本当の儲け話は金持ちの友だちからしかやってこない」と言いました。そして、そんな本当の儲け話のチャンスは一瞬。あっという間に逃げていきます。

私も痛恨の体験をしたことがあります。

信頼できる筋から「激レアなコインを買わないか」という話が舞い込みました。とあるコレクターが手放して40年ぶりに市場に出てきた正真正銘のレアコインなのだと。価格は5000万円でした。

神聖ローマ帝国のコインでしたが、あいにく私の専門はイギリスなので、神聖ローマ帝国のコインは相場がわかりません。そこで、詳しい人間に聞いてから返事をします、と保留をしたのがそもそもの間違い。その場で即決できなかった私のミスでした。

すぐに知り合いに確認を取れば「絶対にいいものだから、買うべき」と言われ、即折り返し。保留していたのは3時間程度でしたが、すでに売れた後でした。思わず溜息がこぼれました。

ちなみに、その時のコインは、その後にオークションに出品されて8000万円で落札されたとか。惜しいことをしました。

私としてはお金を出し渋ったわけではなく、自分では判断がつかないから慎重に行動した結果であり、その対応は間違いではなかったと思います。ただ、本当の儲け話は、このように一瞬でなくなってしまうものだ、と理解しましょう。

② チャンスを焦るとピンチに陥る

本当の金儲けは一瞬でなくなるものと言いましたが、これを逆手に取る輩がいます。チャンスを逃すことを恐れて即決を焦ると、詐欺師の上手い話にハマる危険があります。期限を切ることで、それを価値のあるものだと勘違いさせる。これは詐欺師の常套手段です。「もしこのお話に興味がおありなら、明日までなら待てます」みたいなことを言われたら要注意。本当の儲け話は一瞬でなくなりますが、明確に期限を切ることはほとんどありません。いつ売れるか、わからないからです。

先程のレアコインの話も、私以外の人にも声をかけ、私が決断する前に「買います」と手を挙げた人がいただけ。最初から3時間という期限が設けられていたわけではありません。だから、もし期限を切るような言葉を聞いたら、単に限定感を演出しているだけだ、と気づいてください。通販番組で「先着○名様限定」というのと同じ手法です。今買わないと損だと思わせる。いや、焦らせることで購買を促す。これはれっきとしたマーケティング手法のひとつで、私もこうした心理をついた手法を使ったこともあります。マーケティングを知っているだけに、自分が買う立場になった時にこれに乗せられないよう気をつけなくては、と思います。

ちなみに、上野のアメ横には、かれこれ30年ほど閉店セールをやっている店があります。「閉店するから本日限り」と30年ずっと言い続けているのです。笑い話じゃなくて本当の話。一見さんが多いアメ横だからあり得る手法ですが、何とも商魂たくましい話です。

③ 諦める勇気も必要

では、一瞬で逃げていく本当の儲け話を確実にゲットするにはどうすればよいのでしょうか。ここで生きてくるのが、第4章にある「資金管理・配分」の話です。

どこまでならお金を出せるか。それをあらかじめ決めておくこと。自分が決めた基準内なら購入OKの判断もその場で下せます。

即断即決はビジネスをする上で、とても大切です。ただ、それにとらわれすぎるのは危険なこと。先程の私の体験談も、即断即決できなかった反省もありますが、目利きができない時に功を焦るなという教訓でもあります。

目の前にチャンスがぶら下がっていると、少し無理をしても手を伸ばしたくなるのが人間の心理。けれど、自分が決めた基準を緩めてしまうと、そこから綻びが生じる危険もあります。

だから、時にはチャンスを諦める勇気も必要。チャンスは一度きりではなく、きっと何度でも訪れます。焦って飛びつくより、見極めて手を引く冷静さを忘れずにいましょう。

4 仲良くなり賃はケチらない

① ファーストインパクトが大事

金持ちと仲良くなりたいとか、権力者とお近づきになりたいと思ったら、一番手っ取り早いのは、やはりお金。最初にポンっと金払いのいいところを見せると、その後の対応が断然違います。元も子もない話ですが、世の中、そういうものです。

以前、海外のコイン商とコネを作りたくてやった手法があります。まず、インターネットで世界中のコイン商をピックアップし、その中から信用できそうな相手を探します。基準は、電話対応がきちんとしているとか、メールをすぐに返信してくるとか。あとは、ホームページの作りなどを見て判断します。

30社ほどに絞り込んで接触開始。この時、多くの人がやってしまう失敗が、まず、騙されてもいい程度のお金、100ドルとか200ドルをつぎ込むことです。それで大丈夫なら次は500ドル、その次は1000ドルと徐々にお金を増やしていく方法。けれど、これをすると、相手はこちらを「カス客」と判定します。

だから、私は最初にいきなり5万ドル突っ込みました。電話1本、メール1通で、いきなり高額な買い物をすることで、相手はこちらをVIPだと思うようです。そして、インパクトある買い方をすることで、相手にもこちらと仲良くなりたい、と思わせるわけです。

そうなるともう、扱いがまったく変わってきます。「カス客」と認定されてしまったら、担当につくのは下っ端社員。けれど、VIPと思ってもらえれば、その店のトップ、もしくはナンバー2が担当してくれます。すると、本当にオイシイ話を振ってくれるようになる。つまり、細く長く商売をしたい相手だと認識され、パートナーとして一緒に儲けましょう、というスタンスになっていくのです。

②対等な関係性を作るには

金持ちと仲良くなる具体的な手法は、第3章で詳しく紹介していますが、そこでも言った通り、金持ちに対してへりくだる必要はなく、対等な関係を築くことが大切です。そのためにも、ファーストインパクトはかなり重要。特に、海外ではメリットがあります。

日本の場合、どんな人にも同じく、丁寧なサービスを心がけるのが基本です。平等であることはいいことですが、それでは融通が利かないと見られることもあります。

海外はそのあたりがとてもはっきりしています。「カス客」かVIPか、で対応が変わることは当然。VIPへの対応は、天国にいるような扱いをされます。朝方だろうが深夜だろうがこちらのチャットに5分以内に返事が来ます。海外は貧乏な人には地獄ですが、金持ちには本当に丁寧に接してくれるので天国です。その、あからさまな態度はある意味すがすがしいくらいです。

だから、多少ぼったくり気味であっても、最初は言い値で払う。1回目は、相手がある程度、儲けが出る形で取引をします。これは、こちらが下手に出るということではなく、まず、甘みやうまみを相手に味わってもらうためのもの。そうすると、こちらの要望が通りやすくなります。さらに、相手からオイシイ話も出てきます。

たとえば不動産業者などは、本当にオイシイ物件は広告には出しません。信用が置けて距離の近い人にのみ、そうした情報を開示してくれたりします。オイシイ話を引き出せるかどうかは、最初のインパクトとその後に築く関係性によります。気前よく振る舞うのが得策です。

そういう意味では、大阪の人の一部にあるコミュニケーションとしての値切り文化はＮＧ。実際、私は値切るような相手とは商売はしません。関係性ができた後なら、まだあり得るかもしれませんが、それでも私は、値切るのがコミュニケーションだとは思いません。

金払いのいい人と悪い人。自分が付き合うなら、断然、金払いのいい人です。何事も「自分だったら」と考えてみれば、自ずと答えは出るはずです。

5 お菓子より実用的なものを持っていこう

① 金持ちはお金が好き

第3章でお土産の選び方や渡し方の話をしていますが、相手の喜ぶもの、実用的なものを選ぶ、となって頭に浮かぶのは、「日本銀行券」と印刷してある茶色の紙です。今なら、渋沢栄一さんの顔がある、あれです。

封筒に10枚くらい入れて、お菓子の箱の底に忍ばせて……。よく時代劇で見かけるシーンのあれです。

金持ちはお金を持っているんだから、もういらないだろう。今さら10万円程度を忍ばせたところで喜ばないだろう。そう考える人が多いかもしれません。けれど、金持ちはお金が好きだから金持ちになったのです。私も大好きですからね、茶色の紙の束。そう考えれば、実用的で喜ばれるものの筆頭は、お金だと私は思います。

訪ねてくるたびに10万円入りの封筒があれば、持ってきた人物を気にかけるようになります。「コイツが来ると10万円」とインプットされたらしめたものです。珍しい高級お菓子より絶対に効果が高いはずです。

②誠意って何だろう？

お金の話を毛嫌いする人もたまにいます。何事もお金で解決するのははしたない的なことを言う人もいます。けれど、裁判所では誠意をお金に換算しています。

たとえば、離婚をする際には「慰謝料」が誠意の目安になります。また、交通事故で人を殺めてしまった場合、誠心誠意の謝罪だけで事がすみますか？　そんなことはありませんよね。最高裁の裁判官だって「お金を払いなさい」と言うわけです。反省の度合いや謝罪の真摯さと支払額は比例するものとして語られます。

お金は汚いと刷り込まれている人も多いですが、私たちの日々の暮らしにお金は欠かせないものです。家賃を払ったり、買い物をしたり、家族と旅行に行くのも、すべてお金がなければできません。

「お金より愛が大事だ」という人がたまにいますが、八百屋さんに行って「大根ください。愛で払います」なんて言えば、確実に変な人扱いでしょう。大家さんに家賃を払うのに「今月は愛で払います」と言えば、「いやいや現金をくださいよ」となります。当然の話です。

極論かもしれませんが、裁判所が「誠意＝お金」と認めているのだから、お金は正義だとも言えます。あなたにとってお金は正義ですか？　それとも、汚いものですか？

③お金を嫌っていたら金持ちにはなれない

人間に与えられた1日24時間という時間の中で、多くの人はその3分の1を労働に費やしています。それは、お金を得るため。そして、人の悩みの9割はお金にまつわることだったりします。

これほど人と密接な関係にあるのに、「お金は汚い」と嫌う人がいる。これ、私からすると本当におかしな話です。お金にも感情があると考えている私からすると、そういう思いは、自らお金を遠ざけていることと同じ。なぜなら、誰でも自分を嫌っている人と仲良くなんてしたくないでしょう？

私は、お金は感謝の証だと思っています。その人が、その会社が、扱っている商品やサービスを提供してくれた。そのことに対する感謝として、お金を払うわけです。そう考えると、

たくさんお金を稼いでいる人ほど、多くの人から感謝されている、ということになりませんか？（もちろん詐欺師は別です）

私が金持ちになれたのは、お金を嫌ったりしなかった。むしろ、大好きだったから。そして、私にお金を払ってくれた人に感謝し、それと同時に、私にお金を払わせてくれた人にも感謝してきたからだと思います。だから私は、金持ちであることを誇りに思っているのです。

6 お礼を忘れない

① 借りは作らないがモットー

人と人とが付き合う時に、何が一番大事かと言えば、借りを作らないことだと私は思っています。相手がどんな大物でも、こちらの遥か上をいく金持ちであったとしても、私は対等な立場で付き合いたい。だからこそ、借りは作りたくないのです。

そんな私のモットーは「お返しと仕返しは絶対にする」ということ。何かをしてもらった時、それがいいことでも悪いことでも、そのままにはしません。

まあ、仕返しというのは半分冗談ですが、世の中、いい人ばかりではないので、裏切られたらきっちり仕返しはさせてもらいます。泣き寝入りはしません。むしろ、徹底的にやる。

もちろん、法に則ってですが、しっかりきっちりやります。

誰もディズニーに喧嘩を売ったりしませんよね。無断でコピーしたりとか。それはディズニーが徹底的にやってくるから。そうと知っていて仕かけるバカはいません。

悪いことをそのままにすると、なめられるというか、侮られるというか、悪いループにハマってしまうこともあります。だからこそ、放置してはいけないのです。

しかし、自分が動いてはダメ。弁護士など専門家に任せて、そこに自分のエネルギーを注がないようにしましょう。何も生み出さない負の部分に注力してしまうと、結局、自分自身がくすぶっていくことに。すると、運気が下って自分が損をすることになります。

② 常にお礼は欠かさない

信頼をしてくれる相手には、こちらもそれ以上の信頼で返します。

そういえば、昔、こんなことがありました。

これは、私がお礼をしたのではなく、お礼をされた話です。

私が言った何気ないひと言がヒントになって作った商品が大ヒットしたことがありました。私自身、雑談のついでに言ったような、本当にちょっとしたことだったので、それ自体を忘れていました。しばらくして、その商品を作った人と会った時に、彼から封筒を渡されました。中には100万円が入っていました。私は「え、何これ？」状態だったのですが、商品がヒットしたのはあのひと言のお陰だと。ずっとお礼がしたかったので、ぜひ受け取ってほしいと。今から15年ほど前のことです。

当時、その彼はまだ24歳くらいでしたが、私はしっかりした若者だと好印象を抱きました。何かあればまた力になろうと。いいお付き合いを続けたいと思い、実際、その人とは一緒にビジネスをする仲になりました。

③親しき仲にもお礼あり

私の場合、仕事仲間というのは、文字通りの仲間で、親しい間柄で、一緒にいて楽しい相手です。距離が近い分、普通のビジネスパートナーとの関係とは少し違うかもしれません。

けれど、変わらないのは、感謝を忘れないこと。相手が与えてくれたものに対して、常に感謝をし、お礼を欠かさないことを心がけています。

そうして築いた人間関係は、対等であることはもちろんですが、揺るぎない信頼を置けるものです。今、私の仕事が上手くいっているのは、私に才覚があるとか、資金が潤沢にあるからというよりも、こうした人間関係と信頼関係があるからです。そして、この関係が続く限り、きっと私は成功し続けると、自信を持って言えます。

先程の彼の一件で、自分がお礼を受ける立場になってみて、改めてお礼の大切さを実感しました。だから私はこれからも、わずかなことにも感謝し、それを形で表すようにしていきたいと思っています。

あとがき（謝辞にかえて）

ここまでお読みいただき、ありがとうございました。あともう少しだけ、お付き合いください。

私の経験に基づく、最短最速で成功する具体的な必勝法を読んで、今あなたは「よし、オレも頑張るぞ」と鼻息フンフンになって、勢いよく走り出してしまうかもしれません。けれど、それは一時的にモチベーションが上がっているだけ。三日坊主で終わる確率が限りなく高いのです。これまでもたぶん、そんなことを繰り返してきたのでは？

継続こそが力なり。この本に書いてあることを実践して、それを習慣化していく。この「習慣化」が大切です。だからこそ、これまでの成功法則本と違い、抽象的な精神論や綺麗事は一切書いていません。自分が経験したこと。いえ、骨身に染みたことを書き記しています。

どんな本よりも具体的で実践的な成功法則だけが書かれています。この本の内容を信じて、実践して、習慣にしてください。きっとあなたも望む成功を手にすることができるはずです。

皆さんの成功を心から祈っています。

私のYouTubeでは金持ちになるための習慣の話をしています。

内田博史【金持ちの習慣】で検索してみてください。

海外で成功したビジネスマンの紹介をしながら、脳科学や潜在意識の観点からどうしたら効率よく金持ちになれるのか？　どうしたら金持ちの思考と習慣が身につくのか？　この話を具体的な例を挙げて話をしています。本書と合わせてみる事で理解が深まると思います。

最後に、私のような者の型破りな企画を本にしようと、無謀なチャレンジを決断してくださった産業能率大学出版部の坂本清隆さん。本当にありがとうございました。私の企画書を見てすぐに出版社へ繋いでくれた書籍コーディネーターの小山睦男さん、宍戸直行さん、編集協力してくださった伊藤佳代子さんに大変お世話になりました、お礼を申し上げます。

そして、妻の美穂。いつも私を支えてくれて本当にありがとう！　元気な5人の子供たちの笑顔にありがとう！

この本に関わってくださった他のすべての人にも感謝を捧げます。

内田博史

■ 著者略歴 ■

【プロフィール】
15 歳で家を出て金融業界（高利貸し）に進み、その後は別の事業をいくつも立ち上げて、現在は 5 社を経営。主な事業内容は、システム・ウェブコンテンツ制作、資産防衛コンサル、人材採用コンサル、マーケティングコンサル。また、今までの自身の経験から 2022 年に学校では学べない本当の歴史や成功法則を広めるために『内田・歴史・経済研究会』を結成。
そこで金持ちの思考と習慣について教え、多くの成功した事業家を世に輩出している。

― 著者より一言 ―
怪しい者じゃございませんが、私がどこの馬の骨かわからないうちに、「本を買って読んでください」と言われても気持ち悪いでしょうから、私がどこの馬の骨か詳しく知りたい方は、YouTube、X、ブログを見て判断してください。「内田博史」と検索すれば出てきます。

【ビジネス実績】
・金融業時代にグループの売上 50 億円
・経営富裕層向けに累計 20 億円分のアンティークコインを販売
・年商 200 億円の全国飲食チェーンでマーケティングコンサルを担当
・日本最大のオンラインスクールを創業（現在は退任）
・人材採用コンサル会社を 3 期で売上 70 倍に成長させる

【得意分野】
歴史研究、戦記研究、習慣、潜在意識、脳科学、犯罪心理学

書籍コーディネート：（有）インプルーブ　小山睦男

運とコネのつかみ方
あなたもお金持ちになれるキーワード
「法則」「習慣」「成功体質」

〈検印廃止〉

著　者　　内田　博史
発行者　　坂本　清隆
発行所　　産業能率大学出版部
東京都世田谷区等々力6-39-15　〒158-8630
（電話）03（6432）2536
（FAX）03（6432）2537
（URL）https://www.sannopub.co.jp/
（振替口座）00100-2-112912

2025年3月31日　初版1刷発行
2025年7月31日　　　9刷発行

印刷所・製本所　日経印刷

（落丁・乱丁はお取り替えいたします）
ISBN 978-4-382-15860-3